JN301985

戦略的ホテル経営
戦略的志向性と企業の成果との関係

金 振晩 著

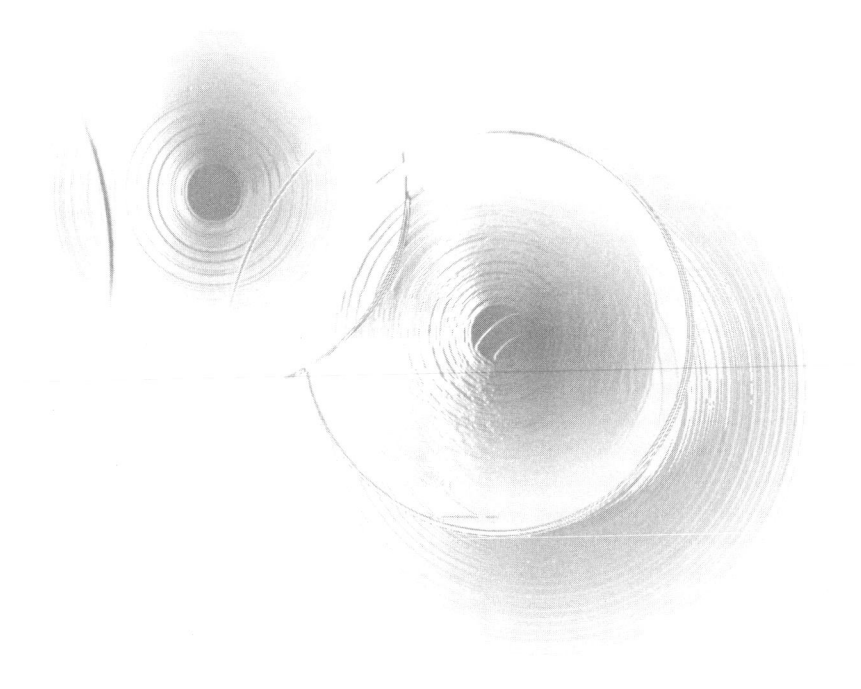

学文社

はしがき

　観光産業におけるホテルの役割は多様である。ホテルは誕生当初から，ホストとゲスト，ゲストとゲストの出会いの場であって，宿泊以外にもさまざまな機能がある。例えば，婚礼，宴会，食事，会議などが挙げられる。ホテルの機能が多様になればなるほど，ホテルの付帯施設の拡充も要求される。したがって，現在の都市ホテルには客室以外に宴会場，レストラン，会議場などが設けられている。

　一方，ホテルが大型化，多機能化していく状況下で，ホテルの本来の機能である宿泊機能を重視したホテルが登場した。アメリカでは1980年代に入り，景気後退を迎えて海外進出と新たなマーケットの創出を行った結果，個人客の重視や快適性・テーマ性の追求を行った多くの新業態ホテルが開発された。そのうち，オールスイートホテル，クラブホテル，B&B（Bed & Breakfast）ホテルなどは，ホテルのさまざまな機能の中で宿泊機能を重視した新業態ホテルである。

　日本においても1990年前半に始まったバブル経済の崩壊以後の消費低迷を受けて，これまで婚礼・宴会などの宿泊外の需要に大きく依存してきた経営構造からの転換を迫られている。この状況下で，新たな業態としてリーズナブルな価格で客室を提供する「宿泊特化型ホテル」が登場し，現在全国の主たる都市へ広がり，著しい成長を遂げている。

　ホテル業における業種と業態については，ホテル業における業態とは，確立したカテゴリを構成するサブカテゴリのことであり，それを業態と呼ぶ用法が一般的である。この考え方によれば，ホテルは業種であり，高級ホテル，シティホテルという区分はサブカテゴリとして業態という形で捉えられる。このようなホテル業態の分類の中，現在日本のホテル業界を二極化している「シティホテル」と「宿泊特化型ホテル」が本書の研究対象である。「シティホテル」についての詳しい説明はいらないと思うが，「宿泊特化型ホテル」については，本文の

中でも説明がないため，ここで簡単に解説を入れたい。

　前述したように，宿泊特化型ホテルはバブル経済の崩壊以後の消費低迷を受けて，新たな業態として登場した。日本の従来型のシティホテルが大きく依存してきた宿泊以外の部門，即ち宴会・婚礼などの経営構造から転換を迫られて，ホテルの本来の機能である宿泊機能を重視したものである。しかし，既存のビジネスホテルも従来のシティホテルより規模および機能面を縮小して低価格を実現し，ビジネス客(現在は，レジャー客も増えている)を対象としている点では共通である。ただし，付帯施設面では，ビジネスホテルは小型化したことに対して，宿泊特化型ホテルは省略化，テナント化した。また，オールスイートホテル・クラブホテルは宿泊機能を重視した点では共通であるが，スイートルームのようなより快適な空間を提供する反面，宿泊特化型ホテルはシングルルームが中心である。つまり，宿泊特化型ホテルは，欧米のホテルのバジェット系ホテルに当てはまるといえる。

　日本では新業態として認められ，研究が始まったばかりなので，宿泊特化型ホテルに対する一般化的な定義はまだないが，作古(2002)は「低価格を訴求力とした宿泊機能に特化した省力型ホテル」であると説明している。つまり，業態細分化を通じて，既存のビジネスホテルとカプセルホテルの間に位置し，駅前やビジネス街に近接しているロケーションのよい立地に，より単機能に特化させた商品＝客室(シングル中心)を低価格で提供するホテルである。

　ホテル経営に関する研究は，さまざまな視点から研究が行われてきた。経営学，マーケティング，人的資源管理論などさまざまな分析アプローチが存在し，アプローチ別に分析対象や分析方法，分析結果が異なる。また，研究者の研究する立場が，経営者の視点から研究するのか，あるいは消費者の視点から研究するのかによっても異なる。本書は，経営戦略論，ホテル選択行動に関する研究をベースとして，ホテル経営者の視点から研究を展開した。

　本書は，戦略的志向性を「企業の具体的革新や業績の創出において求められる戦略的姿勢およびマインド」と操作的に定義した上で，ホテル企業における「戦

略的志向性」,「新商品・サービス開発」,「企業の成果」の構造的関係を明らかにすることを目的とし，さらに，日本のホテル企業を2つの戦略群（シティホテルと宿泊特化型ホテル）に分け，戦略群別のホテル経営戦略の差を検証することを試みた。

本書は，5章により構成されており，本書において，第2章と第3章は，第4章においての実証研究を行うための理論的考察（第2章），予備調査（第3章）として位置づけられる。各章の概要は，次のとおりである。

第1章においては，序論として本研究の背景と目的，研究の方法と手続き，研究の範囲と対象，研究の構成について述べた。

第2章においては，経営戦略論と戦略的志向性に関する理論的考察を行い，分析の枠組みを構築した。理論的考察についてはPorterの経営戦略論および戦略的志向性に関する既存研究をレビューした。Porterの経営戦略論の考察から戦略群，戦略次元の概念を整理した上で，本研究の研究対象であるホテル戦略群を分類した。

戦略的志向性に関する既存研究の考察により，戦略的志向性の概念，その下位次元を整理しながら，各用語の操作的定義を行い，用語の概念を再整理した。以上の理論的考察に基づいて本研究の枠組みを構築した。

第3章においては，第2章で行った戦略群の分類に基づいて，戦略群別のホテル構成要素と選択属性の重要度の差を検証することによってホテル戦略群別の戦略樹立の方向性の差異を明らかにした。

そのため，ホテル選択行動に関する既存研究を考察し，ホテル構成要素，ホテル選択属性という用語の操作的定義を行った上で，既存研究で用いられた選択属性をカテゴリ化し，ホテル構成要素とホテル選択属性を抽出した。

抽出されたホテル構成要素，選択属性の重要度を把握するため，ホテル経営者，消費者を調査対象として実証調査を行った。そして，選好分析に有用なコンジョイント分析を用いてホテル経営者，消費者の認識を分析し，ホテル戦略群別のホテル構成要素，ホテル選択属性の重要度を比較することによって戦略群別の戦略樹立の方向性の差異を明らかにした。

第4章においては，第2章と第3章での成果を踏まえた上で構築した本書の研究仮説，研究モデルを検証するため，実証調査について説明し，その結果を分析した。

　戦略的志向性，新商品・サービス開発，企業の成果の3者の構造的関係，戦略群別の戦略的志向性の差異などの4つの研究仮説を設定し，検証を行った。調査対象はシティホテル(ホテル協会の加盟ホテル)と宿泊特化型ホテル(筆者の修士課程の研究対象)の経営者・経営幹部であり，上記の3者の構造的関係を明らかにするために，共分散構造分析を用いて研究仮説を検証し，結論を導出した。

　第5章においては，結論として研究結果の要約および総合的考察，本研究の意義と位置づけについて述べた。第3章と第4章の実証調査の結果に基づいて，研究仮説および研究モデルの検証結果を要約するとともに，本書について総合的考察を行った。

　戦略的志向性，新商品・サービス開発，企業の成果の3つの概念の構造的関係を明らかにすることによって，ホテル経営における戦略的志向性の重要性を強調し，今後ホテル経営における核心的キーワードのひとつとしての応用可能性を指摘した。

　本書は，経営学における経営戦略論，特に戦略的志向性と企業の成果との関係に焦点を当てた。経営戦略論に関する既存研究では，企業の存続・成長のための方策である経営戦略に関する研究が行われたが，大別すると2つの流れがある。1つは，存続・成長に成功した(逆に失敗した)企業について，その成功(失敗)の理由を説明しようとする研究であり，もう1つは，企業が存続・成長するためにはいかなる戦略をとるべきか，その対策を明らかにしようとする研究である。

　本書は，後者に該当する研究であり，戦略的志向性をキーワードとして，新商品・サービス開発，企業の成果の3者の構造的関係を明らかにするものであった。キーワードである戦略的志向性は「企業の持続的な競争優位のために実

行される戦略的方向や指針」と定義できる。さらに，戦略的志向性は，企業が顧客のニーズを理解し，そのニーズに応じた製品やサービスを提供することを可能にするため，競争優位を確保するために必須の手段とすべきである。

　企業は，このような行為によって顧客を満足させ，高い水準の成果を上げることが可能となる。これは戦略的志向性が企業の成果に肯定的な影響を与えることを意味する。従って，戦略的志向性と企業の成果との関係を明らかにすることによって経営戦略樹立の方向性を提示することができると考えられる。

　本研究の成果から，学問的領域，研究対象であるホテル企業に対する研究の意義と位置づけとして，「ホテル選択行動に関する研究への示唆：ホテル構成要素，ホテル選択属性間の重要度分析」，「ホテル業における戦略的志向性に関する基礎的理論と枠組みの提供」，「戦略的志向性に関する研究への示唆：戦略的志向性の下位次元の統合」の3点を取り上げる。

　また，ホテル業における戦略的志向性と企業の成果との関係に関する議論を経営戦略論，ホテル選択行動に関する研究，経営者と消費者に対する実証調査などの多面的アプローチから展開したことにより，この領域の研究についての総合的な理解力を高めることができた。この点も本論文の意義のひとつとして挙げておきたい。

　最後に，本書で実施した実証調査の時期が古く(2005年，2006年)，戦略的志向性と企業の成果との因果関係を横断的に検証したことは，本研究の限界とも言える。今後は，ホテル企業を取り巻く環境の変化を考慮した上で，2つの核心概念間の因果関係を時系列に分析できる縦断的研究に取り組みたいと思う。

2013年1月

金　振晩

目　　次

第1章　序　　論

1　研究の背景および目的 …………………………………………………… 1
2　研究の方法と手続き ……………………………………………………… 4
3　研究の範囲と対象 ………………………………………………………… 6
4　研究の構成 ………………………………………………………………… 6

第2章　経営戦略論と戦略的志向性に関する理論的考察

1　経営戦略論 ………………………………………………………………… 9
　(1)　経営戦略論の研究動向 ……………………………………………… 9
　(2)　経営戦略の多面性 …………………………………………………… 11
　　1）Mintzbergの整理した5つの戦略概念とその関連性 ………… 11
　　2）青島・加藤の戦略論における4つのアプローチ ……………… 13
2　Porterの経営戦略論 …………………………………………………… 16
　(1)　産業の潜在的収益力を決める5つの競争要因(業界分析) ……… 16
　(2)　産業内の競争構造分析 ……………………………………………… 18
　　1）戦略群および戦略次元の概念 …………………………………… 18
　　2）戦略群と収益性 …………………………………………………… 19
　(3)　3つの基本戦略 ……………………………………………………… 20
　　1）コスト・リーダーシップ戦略(cost leadership strategy) …… 21
　　2）差別化戦略(differentiation strategy) ………………………… 22
　　3）集中戦略(focus strategy) ………………………………………… 23
　　4）コスト・リーダーシップと差別化の両立可能性 ……………… 24
3　戦略的志向性に関する理論的考察 …………………………………… 25
　(1)　戦略的志向性(Strategic Orientation)の概念 …………………… 25

(2) 戦略的志向性に関する諸研究 ……………………………………… 27
    1) Miles & Arnold (1991) の研究 …………………………………… 27
    2) Gatignon & Xuereb (1997) の研究 ……………………………… 27
    3) Baker & Sinkula (1999b) の研究 ………………………………… 27
    4) Noble, Sinha & Kummar (2002) の研究 ………………………… 27
  (3) 戦略的志向性としての市場志向性 (Market Orientation) ……………… 28
    1) Kohli & Jaworski (1990) の研究 ………………………………… 30
    2) Narver & Slater (1990) の研究 …………………………………… 31
    3) Jaworski & Kohli (1993) の研究 ………………………………… 32
    4) Deshpande, Farely & Webster (1993) の研究 ………………… 33
    5) Slater & Narver (1994) の研究 …………………………………… 33
    6) Deshpande & Farely (1998) の研究 …………………………… 33
    7) Noh (1998) の研究 ………………………………………………… 34
    8) Yoo, Kang & Lee (1998) の研究 ………………………………… 34
    9) Lee (1998) の研究 ………………………………………………… 35
    10) Pelham (2000) の研究 …………………………………………… 35
    11) Kim, Jeon & Lee (2001) の研究 ………………………………… 35
  (4) 戦略的志向性としての学習志向性 (Learning Orientation) ……………… 36
    1) Slater & Narver (1995) の研究 …………………………………… 37
    2) Sinkula, Baker & Noordewier (1997) の研究 ………………… 38
    3) Hurley & Hult (1998) の研究 …………………………………… 38
    4) Baker & Sinkula (1999a) の研究 ………………………………… 39
    5) Baker & Sinkula (1999b) の研究 ………………………………… 39
    6) Baker & Sinkula (2002) の研究 ………………………………… 40
    7) Farrell & Oczkowski (2002) の研究 …………………………… 40
  (5) 戦略的志向性としての起業家的志向性 (Entrepreneurial Orientation) …… 41
    1) Miles & Arnold (1991) の研究 …………………………………… 44
    2) Lumpkin & Dess (1996) の研究 ………………………………… 44
    3) Lumpkin & Dess (2001) の研究 ………………………………… 44
    4) Hult & Ketchen. Jr. (2001) の研究 ……………………………… 45

5）Lee, Lee & Pennings (2001)の研究 …………………………… 47
      6）Matsuno, Mentzer & Ozsomer (2002)の研究 ………………… 47
   (6) 戦略的志向性と企業の成果間の媒介変数としての
      新商品・サービス開発 ………………………………………………… 50
      1）Day & Wensley (1988)の研究 ………………………………… 53
      2）Brown & Eisenhardt (1995)の研究 …………………………… 53
      3）Ottum & Moore (1997)の研究 ………………………………… 53
      4）Gatignon & Xuereb (1997)の研究 ……………………………… 54
      5）Adams, Day & Dougherty (1998)の研究 …………………… 54
      6）Danneels (2002)の研究 ………………………………………… 54
   (7) 結果変数としての企業の成果 ……………………………………… 55
      1）財務的視点（Financial Perspective）………………………… 57
      2）顧客視点（Customer Perspective）…………………………… 57
      3）内部ビジネス・プロセス視点（Internal Business Process Perspective）……… 58
      4）学習・成長視点（Learning & Growth Perspective）……… 60
      5）BSC の視点に関する既存研究の考察 ………………………… 61
 4 本書の研究モデルの構築 ………………………………………………… 66
   (1) ホテル産業における2つの戦略群 ………………………………… 66
   (2) 戦略的志向性と新商品・サービス開発，企業の成果との関係 ……… 67
   (3) 研究仮説の設定および研究モデルの構築 ………………………… 68

第3章 ホテル戦略群別の戦略樹立の方向性

 1 ホテル選択行動に関する既存研究 ……………………………………… 71
   (1) ホテル選択行動に関する諸研究 …………………………………… 72
      1）Penner (1975)の研究 …………………………………………… 73
      2）Atkinson (1988)の研究 ………………………………………… 74
      3）Cadotte & Turgeon (1988)の研究 …………………………… 75
      4）Knutson (1988)の研究 ………………………………………… 77

- 5）Lewis（1984 a, b, 1985）の研究 ……………………………………… 77
- 6）Wilensky & Buttle（1988）の研究 ……………………………………… 79
- 7）Mehta & Vera（1990）の研究 ……………………………………… 80
- 8）Saleh & Ryan（1992）の研究 ……………………………………… 80
- 9）McCleary, Weaver & Lan（1994）の研究 ……………………………… 82
- 10）Chu & Choi（2000）の研究 ……………………………………… 82
- 11）Dolnicar & Otter（2003）の研究 ……………………………………… 82

(2) ホテル構成要素およびホテル選択属性の操作的定義 ……………………… 83

(3) ホテル構成要素およびホテル選択属性の抽出 …………………………… 84

2　ホテル構成要素に対する経営者の認識 ……………………………………… 86

(1) 調査の設計 ……………………………………………………………… 86
- 1）コンジョイント分析 ……………………………………………… 86
- 2）調査の概要 ………………………………………………………… 87

(2) ホテル構成要素の重要度と業態別の差異 ……………………………… 88
- 1）人口統計的特性 …………………………………………………… 88
- 2）ホテルの構成要素の相対的重要度と属性水準別の効用値 ……… 89
- 3）業態別ホテル構成要素の重要度 ………………………………… 92

(3) 人口統計的特性別の分析結果 …………………………………………… 93
- 1）性別によるホテル構成要素の重要度 …………………………… 93
- 2）最終学歴によるホテル構成要素の重要度 ……………………… 94
- 3）業界内での経験年数によるホテル構成要素の重要度 ………… 94
- 4）職位によるホテル構成要素の重要度 …………………………… 95

(4) 調査のまとめ …………………………………………………………… 96
- 1）結果の要約 ………………………………………………………… 96
- 2）示唆点 ……………………………………………………………… 97

3　ホテル選択属性に対する消費者の認識 ……………………………………… 98

(1) 調査の設計 ……………………………………………………………… 98
- 1）調査の概要 ………………………………………………………… 98
- 2）分析の手順 ………………………………………………………… 99

(2) ホテル選択属性に対する因子分析と T-検定の結果 ……………………… 100
　　1) 人口統計的特性 ………………………………………………………… 100
　　2) 因子分析の結果 ………………………………………………………… 100
　　3) T-検定の結果 …………………………………………………………… 101
　(3) ホテル選択属性の重要度と業態別の差異 ……………………………… 102
　　1) ホテル選択属性の相対的重要度と属性水準別の効用値 …………… 102
　　2) シティホテルと宿泊特化型ホテルの重要度の比較 ………………… 104
　(4) 人口統計的特性別の分析結果 …………………………………………… 105
　　1) 性別によるホテル選択属性の重要度 ………………………………… 105
　　2) 年齢によるホテル選択属性の重要度 ………………………………… 106
　　3) 宿泊回数によるホテル選択属性の重要度 …………………………… 107
　(5) 調査のまとめ ……………………………………………………………… 107
　　1) 結果の要約 ……………………………………………………………… 107
　　2) 示唆点 …………………………………………………………………… 108
4　ホテル戦略群別の戦略樹立の方向性の差異 ……………………………… 109
　(1) ホテル構成要素と選択属性に対する実証調査の結果比較 …………… 109
　(2) ホテル戦略群別の戦略樹立の方向性の差異 …………………………… 110
　　1) ホテル構成要素に対するホテル戦略群別の差異 …………………… 110
　　2) ホテル選択属性に対するホテル戦略群別の差異 …………………… 111
5　まとめ ………………………………………………………………………… 111

第4章　ホテル戦略群別の戦略的志向性と企業の成果との関係

1　研究のデザイン ……………………………………………………………… 114
　(1) 研究モデルの構築 ………………………………………………………… 114
　(2) 研究仮説の設定 …………………………………………………………… 115
　　1) 戦略的志向性と新商品・サービス開発との関係 …………………… 115
　　2) 戦略的志向性と企業の成果との関係 ………………………………… 116
　　3) 新商品・サービス開発と企業の成果との関係 ……………………… 118

4）ホテル戦略群別の戦略的志向性の差異 …………………………………… 118
2　用語の操作的定義および測定項目 ……………………………………………… 119
　(1)　市場志向性の操作的定義および測定項目 ……………………………………… 119
　　1）市場情報の生成 ……………………………………………………………… 120
　　2）市場情報の拡散 ……………………………………………………………… 121
　　3）市場情報への対応 …………………………………………………………… 121
　(2)　学習志向性の操作的定義および測定項目 ……………………………………… 121
　　1）学習へのコミットメント …………………………………………………… 122
　　2）ビジョンの共有 ……………………………………………………………… 122
　　3）思考の開放性 ………………………………………………………………… 123
　(3)　起業家的志向性の操作的定義および測定項目 ………………………………… 123
　　1）革新性 ………………………………………………………………………… 123
　　2）危険追求性 …………………………………………………………………… 124
　　3）先行性 ………………………………………………………………………… 124
　(4)　新商品・サービス開発の操作的定義と測定項目 ……………………………… 124
　(5)　企業の成果の操作的定義と測定項目 …………………………………………… 125
　　1）財務的経営成果指標 ………………………………………………………… 125
　　2）非財務的経営成果指標 ……………………………………………………… 126
3　調査の概要および分析の手順 ………………………………………………… 126
　(1)　調査の概要 ………………………………………………………………………… 126
　(2)　人口統計的特性および分析の手順 ……………………………………………… 127
　　1）人口統計的特性 ……………………………………………………………… 127
　　2）分析の手順 …………………………………………………………………… 128
　(3)　市場志向性に対する探索的・確認的因子分析 ………………………………… 130
　　1）市場志向性に対する探索的因子分析の結果 ……………………………… 130
　　2）市場志向性に対する確認的因子分析の結果 ……………………………… 131
　(4)　学習志向性に対する探索的・確認的因子分析 ………………………………… 132
　　1）学習志向性に対する探索的因子分析の結果 ……………………………… 132
　　2）学習志向性に対する確認的因子分析の結果 ……………………………… 133

（5）起業家的志向性に対する探索的・確認的因子分析 ………………………… 135
　　1）起業家的志向性に対する探索的因子分析の結果 ……………………… 135
　　2）起業家的志向性に対する確認的因子分析の結果 ……………………… 136
　（6）非財務的経営成果指標に対する探索的・確認的因子分析 ………………… 137
　　1）非財務的経営成果指標に対する探索的因子分析の結果 ……………… 137
　　2）非財務的経営成果指標に対する確認的因子分析の結果 ……………… 138
4　戦略的志向性，新商品・サービス開発，企業の成果との構造的関係 …… 139
　（1）研究モデルの分析（共分散構造分析の結果） ……………………………… 141
　　1）研究モデルの解析 ………………………………………………………… 141
　（2）研究仮説の検証 ………………………………………………………………… 143
　　1）研究仮説1の検証結果 …………………………………………………… 143
　　2）研究仮説2の検証結果 …………………………………………………… 144
　　3）研究仮説3の検証結果 …………………………………………………… 144
　（3）ホテル戦略群別の戦略的志向性の差異（研究仮説4） …………………… 145
　　1）経路係数およびモデルの適合度 ………………………………………… 145
　　2）戦略的志向性の下位次元の差異 ………………………………………… 149
　　3）企業の成果の差異 ………………………………………………………… 149
5　まとめ ………………………………………………………………………………… 150

第5章　結　論

1　研究結果の要約および総合的考察 ……………………………………………… 152
　（1）戦略的志向性の概念および下位次元の整理 ………………………………… 154
　（2）戦略的志向性，新商品・サービス開発，企業の成果の構造的関係 …… 154
　（3）ホテル戦略群別の戦略的志向性，企業の成果の差異 …………………… 155
　（4）総合的考察 …………………………………………………………………… 156
2　研究の意義と位置づけ …………………………………………………………… 157
　（1）ホテル選択行動に関する研究への示唆：ホテル構成要素，
　　　ホテル選択属性間の重要度分析 ……………………………………………… 158

(2) ホテル業における戦略的志向性に関する
　　 基礎的理論と枠組みの提供 ………………………………………159
 (3) 戦略的志向性に関する研究への示唆：
　　 戦略的志向性の下位次元の統合………………………………………160

【参考文献】……………………………………………………………………161
【参考資料】……………………………………………………………………177

図目次

図 1-1　研究の流れ(イメージ図) ……………………………………………………5
図 1-2　研究の構成 ……………………………………………………………………7

図 2-1　戦略論における4つのアプローチ …………………………………………14
図 2-2　5つの競争圧力 ………………………………………………………………17
図 2-3　3つの基本戦略 ………………………………………………………………20
図 2-4　Baker & Sinkula (1999b)の検証モデル …………………………………39
図 2-5　Hult & Ketchen. Jr. (2001)の検証モデル …………………………………46
図 2-6　Matsuno, Mentzer & Ozsomer (2002)の検証モデル ……………………47
図 2-7　戦略的志向性の下位次元 ……………………………………………………50
図 2-8　内部ビジネス・プロセスにおけるバリュー・チェーン …………………59
図 2-9　Kang (2003)の検証モデル …………………………………………………63
図 2-10　Park & Park (2004)の検証モデル …………………………………………64
図 2-11　都市型ホテルにおける戦略群のマップ ……………………………………67
図 2-12　本書の研究モデル ……………………………………………………………69

図 4-1　本書での検証モデル …………………………………………………………115
図 4-2　分析の流れ ……………………………………………………………………129
図 4-3　市場志向性に対する確認的因子分析の結果 ………………………………132
図 4-4　学習志向性に対する確認的因子分析の結果 ………………………………134
図 4-5　起業家的志向性に対する確認的因子分析の結果 …………………………136
図 4-6　非財務的経営成果指標に対する確認的因子分析 …………………………139
図 4-7　戦略的志向性，新商品・サービス開発，企業の成果との
　　　　関係に対する共分散構造分析の結果 ………………………………………141
図 4-8　シティホテルの共分散構造分析の結果(モデル1) ………………………146

図4-9　宿泊特化型ホテルの共分散構造分析の結果(モデル2)…………………146

図5-1　本書の要約図………………………………………………………………157

表目次

表 2-1　戦略論の進化 …………………………………………………… 11
表 2-2　5つの競争圧力の競合関係 …………………………………… 17
表 2-3　戦略的志向性の次元に関する実証研究 ……………………… 28
表 2-4　起業家的志向性の下位次元 …………………………………… 43
表 2-5　2つの因子と業績との関係（回帰分析）……………………… 45
表 2-6　戦略的志向性に関する既存研究の整理 ……………………… 48
表 2-7　WLS の4つの視点と評価指標 ………………………………… 62
表 2-8　本書における戦略次元 ………………………………………… 67

表 3-1　ホテル選択属性の諸研究 ……………………………………… 73
表 3-2　Penner のアンケートの構成 …………………………………… 74
表 3-3　上位 20 属性の満足度順位 ……………………………………… 75
表 3-4　ホテルの満足と不満足要因の順位比較 ……………………… 76
表 3-5　因子分析の結果 ………………………………………………… 78
表 3-6　ホテル選択属性の因子分析結果 ……………………………… 80
表 3-7　ホテル選択属性の重要度の順位 ……………………………… 81
表 3-8　主成分分析の結果 ……………………………………………… 81
表 3-9　ホテル選択属性のカテゴリ化 ………………………………… 85
表 3-10　経営者側と消費者側の規定要因の比較 ……………………… 86
表 3-11　属性（ホテルの構成要素）と属性水準 ……………………… 88
表 3-12　調査の概要 …………………………………………………… 88
表 3-13　人口統計的特性（N=128）…………………………………… 89
表 3-14　ホテルの構成要素の属性の重要度と属性水準別の効用値 … 90
表 3-15　ホテル構成要素のプロファイルに対する効用値 …………… 91
表 3-16　業態別ホテル構成要素の重要度 ……………………………… 92

表 3-17	性別によるホテル構成要素の重要度	93
表 3-18	最終学歴によるホテル構成要素の重要度	94
表 3-19	業界での経験年数によるホテル構成要素の重要度	95
表 3-20	職位によるホテル構成要素の重要度	95
表 3-21	属性(ホテルの選択属性)と属性水準	99
表 3-22	調査の概要	99
表 3-23	人口統計的特性(N=161)	100
表 3-24	ホテル選択属性の因子分析の結果	101
表 3-25	T-検定の結果	101
表 3-26	属性の重要度と属性水準別の効用値	102
表 3-27	ホテル構成要素のプロファイルに対する効用値	103
表 3-28	業態別ホテルの選択属性の重要度と効用値	105
表 3-29	性別によるホテル選択属性の重要度	106
表 3-30	年齢によるホテル構成要素の重要度	106
表 3-31	宿泊回数によるホテル選択属性の重要度	107
表 3-32	2つの実証調査の結果比較	110

表 4-1	市場志向性の測定項目	120
表 4-2	学習志向性の測定項目	122
表 4-3	起業家的志向性の測定項目	124
表 4-4	企業の成果の測定項目	126
表 4-5	調査の概要	127
表 4-6	人口統計的特性(N=170)	128
表 4-7	市場志向性に対する探索的因子分析の結果	130
表 4-8	各経路に対する経路係数(非標準化係数・標準化係数)と モデル適合度(市場志向性)	131
表 4-9	学習志向性に対する探索的因子分析の結果	133
表 4-10	各経路に対する経路係数(非標準化係数・標準化係数)と	

	モデル適合度(学習志向性)	134
表 4-11	起業家的志向性に対する探索的因子分析の結果	135
表 4-12	各経路に対する経路係数(非標準化係数・標準化係数)とモデル適合度(起業家的志向性)	136
表 4-13	非財務的経営成果指標に対する探索的因子分析の結果	137
表 4-14	各経路に対する経路係数(非標準化係数・標準化係数)とモデル適合度(非財務的経営成果指標)	138
表 4-15	各経路に対する経路係数およびモデル適合度(研究モデル)	142
表 4-16	研究仮説の検証結果	144
表 4-17	シティホテルの各経路に対する経路係数(モデル1)	147
表 4-18	宿泊特化型ホテルの各経路に対する経路係数(モデル2)	148
表 4-19	ホテル戦略群別の戦略的志向性,企業の成果の比較	150

第1章

序　論

本章においては，研究の背景と目的，研究の方法と手続き，研究の範囲と対象，研究の構成について述べる。

1　研究の背景および目的

近年，企業を取り巻く環境は急速に変化し，企業間の競争は激しさを増している。このような環境の変化は，ホテル経営にも大きな影響を及ぼしている。従来のホテルに関する研究においては，消費者のニーズの変化に焦点を当て，その分析結果をホテル経営に応用してきた。その結果，ホテルが大型化，多機能化するとともに，ホテルの業態も多様化された。一方，ホテルが大型化，多機能化していく一方で，ホテルの本来の機能である宿泊機能を重視するホテルが登場した。

アメリカでは1980年代に入って景気後退を迎え，海外進出と新たなマーケットの創出を行った結果，個人客を重視し，快適性，テーマ性を追求した多くの新業態ホテルが開発された。日本においても1990年代前半のバブル崩壊以後の消費低迷を受けて，ホテル業界は，これまでの婚礼・宴会など，宿泊外の需要に大きく依存してきた経営構造からの転換を迫られている。多くのホテルの経営が悪化し，倒産するホテルも少なくない。しかしこの苦境下で，低価格を武器とした宿泊特化型ホテルが登場し，全国の主たる都市へ広がっており，その数は持続的に増加している。

現在，日本のホテル業界は，シティホテルと宿泊特化型ホテルの二極化現象

がみられている。さらに，外資系ホテル(大型シティホテルと低価格宿泊特化型ホテル)の進出によってその競争はさらに激化している。この激しい競争の中で生き残るために企業のビジョンを提示する経営戦略の重要性は非常に高く認識され，ホテルの経営において活発に応用されている。

マーケティングにおける戦略論では，競合企業とのあいだで業績の格差を生み出しうる持続的競争優位の源泉を探索し，それを事業展開において実現する可能性に関心が向けられている。

Porter (1980)は，企業が他企業より競争優位を獲得するためには，業界内の自社のポジション(位置)を確認し，それに合わせて2つの基本戦略を選択して集中して行う必要があると主張した。基本的戦略は「コスト・リーダーシップ戦略」か「差別化戦略」に限定される。すなわち，何を製品とするのか，その製品市場でコスト・リーダーシップ戦略と差別化戦略のいずれを採用するのか，採用した戦略(価格や差別化など)をどのように集中していくのかが戦略形成のプロセスである。

また，業態内でのポジションを「戦略群(strategic group)」の違いで具体的に説明している。戦略群とは，相互に似通った戦略を追求している業界内の企業で組まれるグループのことである。つまり，「同一業界内において，他の企業とは異なる，ある共通の脅威と機会に直面している企業群」とも言える。業界内で戦略群を分ける際の基軸は「戦略次元(strategic dimension)」と呼ばれる。当該産業で重要となる戦略の違いを生じさせる軸が戦略次元であり，その戦略次元によって，各企業は複数の戦略群に分けられる。

戦略次元は業界によって重要度が異なり，戦略次元の例としては，製品ラインの幅，垂直統合度，ブランド力の強さ，プロモーションの方法，販売チャネルの違い，価格政策といったマーケティングの要素から，専門化の度合い，品質，コスト上の地位，付加的サービスの相違などさまざまなものが挙げられる(Porter, 1980)。例えば，ホテル業の場合は，宿泊料金帯，付帯施設の相違，ホテルの規模，サービス提供形態などのホテルの構成要素が例として挙げられる。従って，既存のホテルの業態がホテル企業の戦略群ともいえる。本書では，都

市型ホテルをシティホテルと宿泊特化型ホテルの2つの戦略群に分けて比較分析を行う。

　筆者は，上記のPorterの枠組みに基づいて，2005年，実証調査[1]を行い，日本におけるホテル企業を2つのホテル戦略群に分け，ホテル選択属性に対する消費者の認識を分析することによって，ホテル戦略群別の戦略樹立の方向性を提示した。分析の結果，マーケティング戦略の樹立にあたって，シティホテルの場合は，宿泊料金，立地，サービス，付帯施設などの各部門を総合的に考慮する必要があること，宿泊特化型ホテルの場合は，宿泊料金，立地などに集中する必要があることが分かった。また，「情報入手手段」においては，シティホテルは"口コミ"の効用値が高いことから，顧客を満足させるためのサービスの向上が必要であり，宿泊特化型ホテルは"ブランド・名声"の効用値が高いことから，チェーン展開などによってホテルに対する安心感を高める必要があることが明らかになった。

　上記の結果から，2つのホテル戦略群別の戦略樹立の方向性には大きな差があることがわかった。その差は，人的資源の依存度が高いと言われるホテル産業の特殊性にあると考えられる。Porterの基本戦略に依拠して説明すれば，人的資源の依存度が低い宿泊特化型ホテルの場合は，低価格志向のコスト・リーダーシップ戦略，あるいは付帯施設の省略による差別化戦略をとることが可能である。また，人的資源の依存度が高いシティホテルの場合は，コスト・リーダーシップ戦略よりサービスの差別化戦略をとる必要がある。それは，顧客を満足させるため，従業員の教育に集中してサービスの向上を図る必要があることを示唆している。

　上記を踏まえ，本書においては，戦略樹立の方向性をさらに明確化するため，「戦略的志向性(strategic orientation)」という用語とその下位概念である「市場志向性」，「学習志向性」，「起業家的志向性」を用いて研究を進めることにする。

　戦略的志向性とは「企業の持続的な競争優位のために実行される戦略的方向や指針」(Gatignon & Xuereb, 1997)と定義され，企業のマーケティングおよび戦略意思決定の行為における原則を提供するものであって(Noble, Sinha, & Kummar, 2002），企業活動と計画の性格や範囲を決定する重要な基準となる。これまでこのような戦略的志向性は，「具体的革新のための行動とプロセスのセットあるいは前提条件」として整理されている（Baker & Sinkula, 1999a, b；Hurley & Hult, 1998；Jaworski & Kohli, 1993）。また，戦略的志向性は，企業が顧客のニーズを理解し，そのニーズに応じた製品やサービスを提供することを可能にするため，競争優位開発の必須的手段となるという（Jaworski & Kohli, 1993）。企業は，このような行為によって顧客を満足させ，高い水準の成果を上げることが可能となる。これは戦略的志向性が企業の成果に肯定的な影響を与えることを意味する。

戦略的志向性の概念とその下位次元に対しては，さまざまな研究が行われてきた。Hult & Ketchen Jr.(2001)は，RBV（resource based view）から市場志向性と非市場志向性を戦略的志向性の下位次元として取り上げ，企業の成果との関係を明らかにした。

本書では，Hult & Ketchen Jr.(2001)の整理をもとに，戦略的志向性を「企業の具体的革新や業績の創出において求められる戦略的姿勢およびマインド」と操作的に定義し，「戦略的志向性」→「企業の成果」のあいだに「新商品・サービス開発」という媒介変数を挿入して3者の構造的関係を明らかにしようとする。

本研究の具体的な目的は，戦略的志向性の下位次元の存在を確認した上で，戦略的志向性が企業の成果に及ぼす影響を明らかにし，両者の媒介変数として「新商品・サービス開発」の役割を検証することである。さらに，ホテルを戦略群別に分け，その差を分析することを試みる。研究の目的を達成するための研究仮説については第2章と第4章にて詳しく説明する。

2　研究の方法と手続き

ホテル経営に関する研究は，さまざまな視点から研究が行われてきた。経営学，マーケティング，人的資源管理理論などさまざまな分析アプローチが存在し，アプローチ別に分析対象や分析方法，分析結果が異なる。また，研究者の研究

する立場が，経営者の視点から研究するのか，あるいは消費者の視点から研究するのかによっても異なる。

本書は，経営戦略論，ホテル選択行動に関する研究をベースとして，ホテル経営者の視点から研究を展開していく。まずは，理論的考察を行った上で，その成果に基づいて仮説を設定し，実証調査によって仮説を検証する。

理論的考察として，Porterの経営戦略論，戦略的志向性に関する研究，ホテル選択行動に関する研究をレビューする。Porterの経営戦略論の考察によって経営戦略の重要性，ホテル戦略群の定義および分類を行う。また，戦略的志向性に関する研究のレビューを通じて戦略的志向性，およびその下位次元の操作的定義を行うとともに，実証調査のための研究モデルを構築する。さらに，ホテル選択行動に関する研究のレビューを通じてホテル構成要素，ホテル選択属性の操作的定義とともにそれぞれの変数を抽出する。

実証調査においては，まず，理論的考察の成果に基づいてホテル戦略群をシティホテルと宿泊特化型ホテルに分ける。その分類をもとにして合計3回の実証調査を行う。ホテル構成要素に対する経営者の認識の実証調査とホテル選

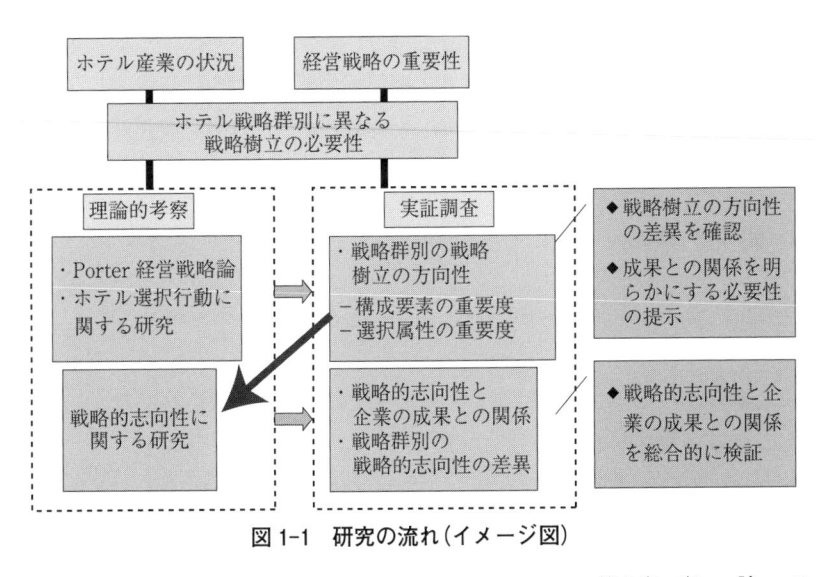

図1-1　研究の流れ（イメージ図）

属性に対する消費者の認識の実証調査を行い，ホテル戦略群別の構成要素・選択属性の重要度を把握し，戦略樹立の方向性の差異を説明した上で，結果物としての成果との関係を明らかにする必要性を提示する。その結果に基づいて，戦略群別の戦略的志向性の差異，戦略的志向性と企業の成果との因果関係を明らかにするため，ホテル経営者を対象とし，実証調査を行い，仮説を検証する。

分析方法としては，統計分析プログラム SPSS 12.0J と共分散構造分析用の Amos 5 を用いる。図1-1は，本書の流れを表したイメージ図である。

3 研究の範囲と対象

本書における研究の範囲は，Porterの経営戦略論の中で，戦略群と戦略次元に限定する。また，ホテル選択行動に関する研究は，選択属性の比較研究，選択属性の主要因の抽出研究などを中心に考察を行う。戦略的志向性に関する研究は，理論研究に留まった研究を含め，理論研究に基づいた実証研究を中心に考察を行う。

研究の対象は，シティホテルと宿泊特化型ホテルに限定する。ビジネスホテルは，シティホテルと宿泊特化型ホテルの両方に重なる部分があるので，研究対象から除外する。従って，シティホテルと宿泊特化型ホテルの経営者，あるいはシティホテル，宿泊特化型ホテルに宿泊した経験のある消費者を調査対象とする。

4 研究の構成

本書は，5章により構成されており，各章の概要は次のとおりである（図1-2参照）。

第1章においては，序論として本研究の背景と目的，研究の方法と手続き，研究の範囲と対象，研究の構成について述べる。

第2章においては，経営戦略論と戦略的志向性に関する理論的考察を行い，分析の枠組みを構築する。理論的考察についてはPorterの経営戦略論および

```
┌─────────────────────────────────┐
│      第 1 章   序論              │
│ 研究の背景と目的，研究の方法と手続き，研究の構成 │
└─────────────────────────────────┘
                 ↓
┌─────────────────────────────────────────┐
│         第 2 章  理論的考察                │
│ ┌──────────────┐  ┌──────────────────┐  │
│ │ Porterの経営戦略論 │  │ 戦略的志向性に関する既存研究 │  │
│ │ ：ホテル戦略群の分類 │  │ ：用語の概念，変数の抽出    │  │
│ └──────────────┘  └──────────────────┘  │
└─────────────────────────────────────────┘
         ↓                    ↓
┌──────────────────┐  ┌──────────────────┐
│    第 3 章        │  │    第 4 章        │
│ ホテル戦略群別の戦略樹立の方向性 │→│ ホテル戦略群別の     │
│ ：ホテル構成要素・選択属性に対する │  │ 戦略的志向性と企業の成果との関係 │
│ 経営者・消費者の認識把握    │  │                 │
└──────────────────┘  └──────────────────┘
                           ↓
              ┌──────────────────┐
              │    第 5 章  結論    │
              │ 本研究の要約，意義と位置づけ │
              └──────────────────┘
```

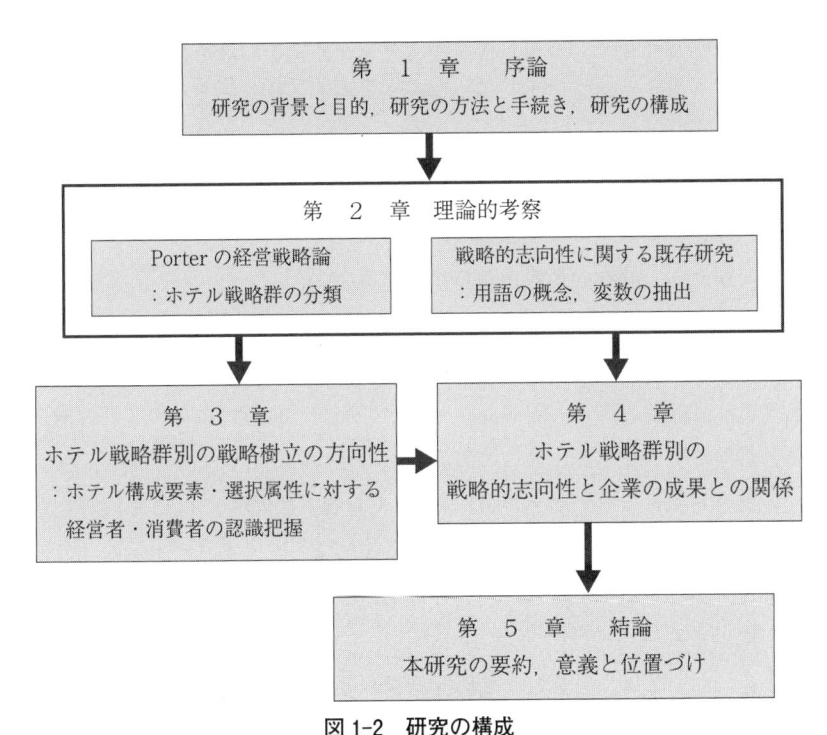

図1-2 研究の構成

戦略的志向性に関する既存研究をレビューする。

　Porterの経営戦略論の考察から戦略群，戦略次元の概念を整理した上で，本研究の研究対象であるホテル戦略群を分類する。

　戦略的志向性に関する既存研究の考察により，戦略的志向性の概念，その下位次元を整理し，また，各用語の操作的定義を行う。以上の理論的考察に基づいて本研究の枠組みを構築する。

　第3章においては，第2章で行った戦略群の分類に基づいて，戦略群別のホテル構成要素と選択属性の重要度の差を検証することによってホテル戦略群別の戦略樹立の方向性の差異を明らかにする。

　そのため，ホテル選択行動に関する既存研究を考察し，ホテル構成要素，ホテル選択属性という用語の操作的定義を行った上で，既存研究で用いられた選

択属性をカテゴリ化し，ホテル構成要素とホテル選択属性を抽出する。

抽出されたホテル構成要素，選択属性の重要度を把握するため，ホテル経営者，消費者を調査対象として実証調査を行う。そして，選好分析に有用なコンジョイント分析を用いてホテル経営者，消費者の認識を分析し，ホテル戦略群別のホテル構成要素，ホテル選択属性の重要度を比較することによって戦略群別の戦略樹立の方向性の差異を明らかにする。

第4章においては，第2章と第3章での成果を踏まえた上で構築した本書の研究仮説，研究モデルを検証するため，実証調査について説明し，その結果を分析する。戦略的志向性，新商品・サービス開発，企業の成果の3者の構造的関係，戦略群別の戦略的志向性の差異などの4つの研究仮説を設定し，検証を行う。調査対象はシティホテル（日本ホテル協会の加盟ホテル）と宿泊特化型ホテル（筆者の修士論文の研究対象）の経営者・経営幹部であり，上記の3者の構造的関係を明らかにするために，共分散構造分析を用いて研究仮説を検証し，結論を導出する。

第5章においては，結論として研究結果の要約および総合的考察，本研究の意義と位置づけについて述べる。第3章と第4章の実証調査の結果に基づいて，研究仮説および研究モデルの検証結果を要約するとともに，本書について総合的考察を行う。戦略的志向性，新商品・サービス開発，企業の成果の3つの概念の構造的関係を明らかにすることによって，ホテル経営における戦略的志向性の重要性を強調し，今後のホテル経営における核心的キーワードのひとつとしての応用可能性を指摘する。

本書での研究結果を踏まえ，研究の意義として，「ホテル選択行動に関する研究への示唆：ホテル構成要素，ホテル選択属性間の重要度分析」，「ホテル業における戦略的志向性に関する基礎的理論と枠組みの提供」，「戦略的志向性に関する研究への示唆：戦略的志向性の下位次元の統合」の3点を挙げる。

注

1）第3章で詳しく説明する。

第2章

経営戦略論と戦略的志向性に関する理論的考察

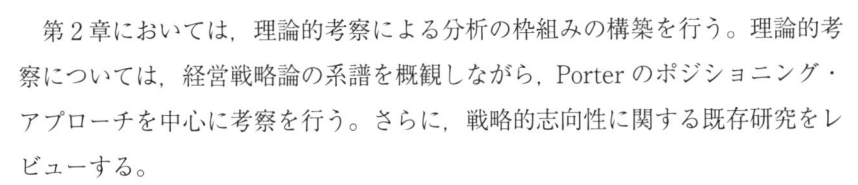

　第2章においては，理論的考察による分析の枠組みの構築を行う。理論的考察については，経営戦略論の系譜を概観しながら，Porter のポジショニング・アプローチを中心に考察を行う。さらに，戦略的志向性に関する既存研究をレビューする。

　Porter のポジショニング・アプローチの考察から，戦略群，戦略次元の概念を整理した上で，本書の研究対象であるホテル企業をシティホテルと宿泊特化型ホテルの2つの戦略群に分類し，そうすることの妥当性について論ずる。

　また，戦略的志向性に関する既存研究の考察により，戦略的志向性の概念，その下位次元を整理するとともに，各用語の操作的定義を行う。本論文においての戦略的志向性は，市場志向性，学習志向性，起業家的志向性の3つの下位次元によって構成される。

　以上の理論的考察に基づいて，本研究の枠組みを構築する。

1　経営戦略論

(1)　経営戦略論の研究動向

　経営戦略論は1960年代前半に成立した学問領域である(Goold, Campbell & Alexander, 1994)。その始祖というべき研究者は Chandler と Ansoff である(中橋, 2005)。Chandler (1962) により，アメリカにおける事業部制の成立との関係で経営戦略の歴史的・理論的重要性が論じられ，経営戦略と組織との関係に関心が集まった。Ansoff (1965) は，重要な経営戦略である多角化の概念を明らかに

するとともに，なぜ多角化を志向するのかについてシナジー概念を中心に論じた。さらに，多角化に関するチェックリストの作成も試みた。この二人の研究者に影響を与えたのが近年のRBV(resource based view)の隆盛とも深く結びついているPenroseであった(中橋，2005)。

1970年代になると，戦略論はいかに多角化戦略をマネジメントするか(複数の事業をいかに展開して行くのか)が重要な問題となり，そこで導入された手法がPPM(product portfolio management)である。複数事業間の資源配分の問題に関してPLC(product lifecycle)と市場占有率を基に分類し，それに基づいて適切な資源配分を行うというものであった。こうした戦略計画論の進展はアメリカにおけるコンサルティング・ビジネスの隆盛とも結びついていた(石井他，1985)。

この動きと別に，無視できない戦略論のプロセスとして，戦略をとらえる見方が展開された(Mintzberg & Walters, 1985)。それらは組織がいかなる影響を戦略に与えるのかを問題とするとともに，必ずしも意図された戦略が実現されるとは限らないといった戦略の創発性に注目するものでもある。

1980年代には新たな古典ともいうべきPorterの『競争の戦略』が出版され，特定の業界においていかに競争優位を保っていくのかについて，5つの競争要因と競争優位について議論が行われた(Porter, 1980)。一方，『エクセレント・カンパニー』において多角化万能論への警鐘がなされ，本業への密着こそ重要であるという多角化の方向についての指摘が行われた(Peters & Waterman, 1982)。また，1980年代後半には新たなパラダイムというべき資源ベース戦略論(resource based view)が展開された(Wernerfelt, 1984；Barney, 1991)。

1990年代に入ると，多角化した企業の競争優位を説明する一つの概念としてコア・コンピタンスが提示されるとともに，多角化した企業の方向を見直す新たな動きが見られた(Hamel & Prahalad, 1994；Goold, Campbell & Alexander, 1994)。

表2-1は戦略論の変遷を踏まえて整理したものである。この表で重要な点は，現在の状況が企業内部に留まらず，企業外部の関係のネットワークをいかに構

表 2-1 戦略論の進化

	時代Ⅰ(1970年代)	時代Ⅱ(1980年代)	時代Ⅲ(1990年代)
記述	事業のポートフォリオ	能力のポートフォリオ	関係のポートフォリオ
競争優位のドライバー	規模の経済	規模と範囲の経済	規模・範囲・専門知識の経済
中核資源	物的資源	事業間の関係性を管理する組織化能力	専門知識のネットワークにおけるポジション
分析単位	事業単位	全社	内部・外部関係のネットワーク
キー・コンセプト	産業の不完全性の活用	見えざる資源の活用	知的資本の活用
キー・クエスチョン	どんな製品?どんな市場?	どんな能力?	専門知識の流れ?
支配的見方	ポジショニング	プロセスとルーチンの模倣困難性	ネットワークの中心性

出典:山倉建嗣(2004),p.2引用

成するのかが戦略論上の問題となっていることを示している点である。

(2) 経営戦略の多面性

1) Mintzbergの整理した5つの戦略概念とその関連性

戦略については多様な見方が存在している。例えば,Mintzberg *et al.* は10の学派に整理している[1]。それらは,戦略論に関するそれまでの理論を調査した結果であり,しかも戦略論の多様性を容認していることを意味する。

また,彼は,戦略を次の5つのPという形で整理している。すなわち,計画(plan),策略(ploy),パターン(pattern),位置(position),および視角(perspective)である。Pではじまる単語に整理することによって覚えやすくしている。

まず,ある状況に対処するために,行為に先立って意識的に意図して選択した行為コースないし指針のことを戦略であるとみなす立場がある。これが「計画」としての戦略概念である。計画の中でも相手の裏をかくため,あるいは相手に脅かしをかけるための計画が「策略」と呼ばれるものである。策略としての戦略は,これまでに考察した研究では言及されてないが,これは競争企業間での駆

け引き的行動を分析する際によく用いられる概念である。

　事前の計画よりも，その結果としての行動を重視するのが「パターン」としての戦略概念である。計画した戦略が意図どおりに実現しないことはよく起こる現象であり，戦略を公式的あるいは明示的に表明しないこともある。その場合でも，企業は何らかの戦略に従って行動していると捉えることはできる。そのように事実上の戦略を把握するためにMintzbergが導入したのが，「パターン」としての戦略概念である。彼は「意思決定の流れの中にあるパターン」を戦略と定義していたが，最近では，行為を重視することをより明確にして「行為の流れの中にあるパターン」を戦略と見なしている。

　計画と実際の行動との関連を考えてみると，事前に計画された戦略(意図的戦略)の他に，計画どおりに実行されている戦略(計画的戦略)，計画されたが，実現されなかった戦略(非実現戦略)があり，さらには，当初の計画とは異なる，自然発生的に生まれてきた戦略(創発的戦略)がある。計画的戦略と創発的戦略が企業の実際の戦略(実現戦略)となるのである。

　「計画」と「パターン」は，戦略の策定あるいは，戦略の生成過程に注目した戦略概念である。それらは，戦略の内容が何かという問題である。戦略の内容は，企業が従事する商品市場ドメイン，企業の生存領域，あるいは事業領域のことであると理解されている。これは環境の中で企業が位置する場所，企業が資源を集中する場所のことなので，Mintzbergによると，それは「位置」としての戦略を意味しているということができる。これに属する戦略研究の代表はPorterの競争要因モデルであるといえる。しかし，環境の中で自社が位置する場所を獲得し，維持する方法としては，相手と突き合わせて競争する方法だけではなく，組織間で共同することも考える必要があるといえる。

　位置としての戦略が企業と環境の関わり方を具体的な活動内容のレベルで捉えるのに対して，最後の「視角」としての戦略概念は，それをより抽象的なレベルで捉えるものである。すなわち，組織構成員に共有された事業環境に対するものの見方，考え方，対処の仕方のことを戦略と考えるものである。この視角については，研究者によって「文化」，「事業の理論」，「パラダイム」，「世界観」な

どさまざまな用語で呼ばれている。

このように，Mintzbergの抽出した戦略概念を用いて現実の組織行動をより的確に理解することができる。また，それらの戦略概念は，その中でどれがもっとも適切かという優劣を競う対立的な関係にあるのではなく，相互補完的なものとして捉えるほうが良いといえる(中橋，2005：99-102)。

2）青島・加藤の戦略論における4つのアプローチ

青島・加藤(2003)は，いかに競争優位をもたらすのか，利益をもたらす戦略は何かという点から，視点を置く場所としての企業の「内側」と「外側」，分析の対象としての「要因分析中心」と「プロセス分析中心」の4つの基準を取り上げた。

視点を企業の「内側」に置くか，「外側」に置くかの問題は，経営戦略を考える上でのもっとも基本的な区分である。その区分は，企業間で利益の差が生まれる理由についてそれぞれ異なる。企業の「内側」においては，利益格差の原因を企業内部に求めようとしているのに対して，企業の「外側」においては，それを企業の外部環境に求めようとしている。環境というと，自然環境や経済環境といったマクロの環境もあるが，ここでいう環境とは，顧客や競合相手，供給業者，資源提供者なども含めて企業の境界の外部にあって企業活動に影響を与えるさまざまな外部の力を指している。

一方，企業の「内側」，「外側」という問題に加えて，もう一つ考えるべき問題がある。それは「要因」に着目するのか，「プロセス」に着目するのか，という区分である。前者は，企業間の業績の違いが「いかなるもの」によって生じているかという，その要因自体に着目する。それに対して，後者では，その重要と思われる要因が「いかにして」生み出されるのかというプロセスに力点が置かれる。

青島・加藤は，上述の2つの分類軸に基づいた4つのアプローチを図2-1のようにまとめ，これらの4つのアプローチには，その特性に基づいてそれぞれ以下のようなラベルをつけた(青島・加藤，2003：20-39)。

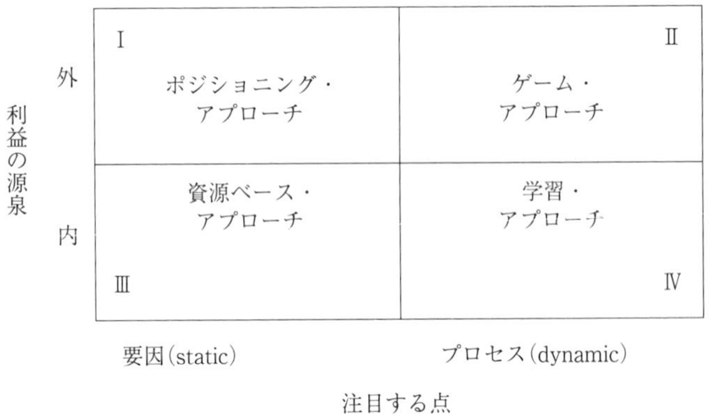

	要因(static)	プロセス(dynamic)
外	I ポジショニング・アプローチ	II ゲーム・アプローチ
内	III 資源ベース・アプローチ	IV 学習・アプローチ

（縦軸：利益の源泉　横軸：注目する点）

出典：青島・加藤(2003)，p.26引用

図 2-1　戦略論における4つのアプローチ

- 「外―要因」に着目：ポジショニング・アプローチ
- 「内―要因」に着目：資源ベース・アプローチ
- 「外―プロセス」に着目：ゲーム・アプローチ
- 「内―プロセス」に着目：学習・アプローチ

① ポジショニング・アプローチ(Positioning Approach)

　企業の成功を促す要因を外部に求めるのであれば，目標達成にとって都合のよい環境に身を置くことが重要な戦略となる。それは自社に有利な環境に位置することを意味する。競合相手が少なくて競争が緩やかな産業，法や規制で守られたような産業，顧客や供給業者との関係が友好的であるような市場細分化などは，そういった外部環境の例である。このような戦略は，環境の中に自社を的確に「位置づける(position)」点を強調するがゆえに，ポジショニング・アプローチと呼ばれる。また，ポジショニング・アプローチは，さまざまな産業における構造を分析してその中で自社をどう位置づけるのかを考えるための枠組みを提供する。

② 資源ベース・アプローチ(Resource-based Approach)

　企業の「内側」に注目する戦略論は，企業業績の差異の源泉を企業内にある経営資源に求める。「成功している企業とは，内部に優れた能力を蓄積している企業である」という考え方が資源ベース・アプローチである。

　資源ベース・アプローチは，市場から簡単に調達することができない独自資源に注目することにより，従来と異なった戦略策定のあり方を示唆するとともに，他社に真似されない企業能力とは何かという重要な問いに注目することにつながっている。

③ ゲーム・アプローチ(Game Approach)

　利益の源泉を企業の「外側」の構造的要因に求める点では，ゲーム・アプローチとポジショニング・アプローチは共通している。しかし，ポジショニング・アプローチが，自社の利益を収穫する他社からの圧力が小さい状況を見つけ出してそこに自社を位置づけることに重点を置くのに対して，ゲーム・アプローチは，そうした状況を自らの行動によって作り出す点に注目する。

　ポジショニング・アプローチが主張するように，企業が属する産業には個々の企業努力を超えた構造的な力が働いているので，その構造を分析し，それを所与として戦略を立てる必要性がある。しかし，企業の外部に存在する構造的な力に，企業がまったく影響を与えることができないわけではない。企業の目標達成に対して外部の構造的圧力が影響を与えるとすれば，企業はその構造をしばしば変えようと努力する。この点に着目したのが，ゲーム・アプローチである。

④ 学習・アプローチ(Learning Approach)

　資源ベース・アプローチは，企業に利益をもたらす独自の経営資源に注目したものの，経営資源をどのように蓄積すればよいのかという指針に関しては明らかにしていない。それに対して，経営資源とりわけ知識や情報といった「見えざる資産」が蓄積されるプロセスそのものに注目するのが学習・アプローチ

である。資源は単純に蓄積するだけでよいのではなく,そこには「いつ,どのように学ぶか」という戦略が必要である。

以上のように,青島・加藤は,それぞれのアプローチの内容を明らかにするとともにアプローチの多様性を認めつつ,バランスのあるアプローチの必要性を提示している。本書においては,ポジショニング・アプローチの代表的な研究者であるPorterの経営戦略論をさらに詳しく考察する。

2 Porterの経営戦略論

(1) 産業の潜在的収益力を決める5つの競争要因(業界分析)

Porter(1980)は,産業の魅力度ないし競争環境を包括的に分析するための枠組みを次のように展開している。競争戦略の本質は企業と環境とを関連付けることにある。企業活動に関連する環境として,広く一般的な社会経済的要素も含まれるものの,特に重要な企業環境は,企業がそこで競争を展開するところの産業である。そして,戦略形成のために産業を分析するにあたっては,産業の潜在収益力を決める競争要因は何か,という視点をとるべきである。企業間競争とは究極的には,一定水準以上の収益率を求める競争に他ならないからである。戦略論で問題とされる産業魅力度とは結局産業の潜在収益力であり,従って産業魅力度を分析するためには産業の潜在収益力を決める要因を明らかにしなければならない。

Porterは産業の潜在収益力を決める「5つの競争圧力(the five competitive forces)」を図2-2のように示している。これは「5競争要因モデル」とも呼ばれる。まず,競争環境の構成要素として「産業内の既存競争企業」,「買い手」,「供給業者(売り手)」,「新規参入企業」,「代替品・サービス提供企業」がある。「産業内の既存競争企業」以外の4つの構成要素は潜在的競争企業を構成する。従って,産業の競争状態,またはその潜在収益力は,これらの構成要素がもつ影響力によって規定される。Porterは産業の競争状態を規定する影響力を「競争圧力」と呼び,図2-2に示すように,各構成要素に対応して,「既存競争企業間の競争

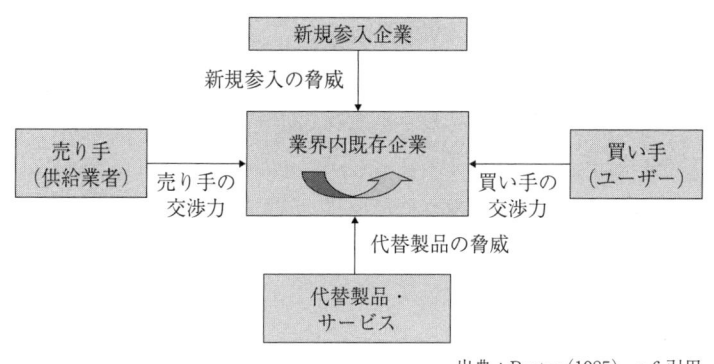

出典：Porter (1985), p.6 引用

図 2-2　5つの競争圧力

表 2-2　5つの競争圧力の競合関係

競合関係		要　　因
狭義の競合関係		①産業内の同業者間での競争
広義	製品上の潜在的な競合関係	②新規参入の脅威 ③代替的な製品・サービスの脅威
	製品の利益における競合関係	④売り手の交渉力 ⑤買い手の交渉力

出典：青島・加藤 (2003), p.52 引用

の激しさ」、「買い手の交渉力」、「供給業者の交渉力」、「新規参入の脅威」、「代替品・サービスの脅威」を競争圧力として挙げた。

　産業の構造的特性はこれらの競争圧力によって規定されている。つまり、これらの競争圧力が産業の競争構造を形成しているのである。一般に、あるシステムの「構造」とは、システムの構成要素間の関係の集合を意味する。上述の5つの競争圧力は、産業における既存の競争企業および潜在的競争企業という構成要素間の関係を表しており、それらの圧力の集合のあり方が産業の構造をなしている。これらの5つの競争圧力が合わさって、産業の競争状態、また産業の潜在収益力を決めるのである。

　Porterによると、競争戦略の目的は、市場の中に企業がこれらの競争圧力

に対抗して自らを防御しうる地位を見つけたり，あるいは自らに有利になるようにこれらの圧力に影響を及ぼしうる地位を発見することにある。つまり，これらの競争圧力に注目して，それらによって規定される制約の中で，いかに現在の事業を防御するかを追求するとともに，その制約を利用して新しい事業機会を発見していくところに競争戦略の本質があるのである。

(2) 産業内の競争構造分析

上記の5つの競争圧力による産業構造分析に続いて産業内における自社の市場地位を評価し，事業の競争戦略を形成していく必要がある。そのため，Porterは「戦略群(strategic group)」という概念を基礎にしてその方法を示した。

1) 戦略群および戦略次元の概念

産業内の各企業(事業)は種々の戦略をとることが可能である。「製品ラインの幅」，「標的顧客や地理的市場の範囲」，「非価格的なブランド・ロイヤルティの程度」，「占有の流通チャネルを用いるか否か」，「製品品質の水準」，「技術でリーダーシップをとるかどうか」，「垂直統合度をどの程度にするか」，「低コストを徹底的に追求するかどうか」，「どんな付帯サービスを提供するか」，「価格水準をどうするか」などのさまざまな基準により，環境条件と自社能力を考慮しながらより高い収益性を求めて競争優位性を獲得するように選択を行う。その選択を行う際の分類基準が戦略次元(strategic dimension)である。例えば，ホテル産業における戦略次元としては，宿泊料金帯，付帯施設の相違，ホテルの規模，サービスの提供形態の相違などが挙げられる。

同一の業界内でも，これらの各戦略次元について各企業の選択は同じではない。しかし，これらの各戦略次元はまったく独立ではなく，相互に関連性をもっている。例えば，低価格政策をとる企業は通常，低コスト追求を行うものの，製品品質においては最高というわけではない。また，低コストを実現するためには垂直統合の程度を高めなければならない。このように戦略次元は相互に関連しているので，各企業はこれらの戦略次元を種々の選択を行うとしても，そ

れらの戦略間には内部的な整合性がなければならない。そして，各企業において特に重要性の高い戦略次元の数は比較的に少ないであろう。

各企業はさまざまな戦略次元について選択を行っているが，それらの多様な戦略組合せの中に，比較的少数の戦略パターンを見出すことができる。換言すれば，同一産業に属する多くの企業も，その戦略パターンの違いに注目すると，比較的少数の複数の企業グループに分けることができる。これがここでいう戦略群である。つまり，戦略群とは，種々の戦略次元に基づいて同一の産業内において選択・実行されている戦略が，他の企業とは異なった類似性をもつ企業群，あるいは企業の集団のことである（経営学大辞典，2004：547）。

Porterは，戦略群がとる戦略パターンの基本類型，つまり基本戦略(generic strategy)として，「コスト・リーダーシップ戦略」，「差別化戦略」，「集中戦略」の3つを挙げている。「コスト・リーダーシップ戦略」と「差別化戦略」はいずれも対象とする事業領域を広くとるものである。「コスト・リーダーシップ戦略」は低コストであることによって，「差別化戦略」は顧客に対して自社の独自性を発揮することによって，優位性を獲得する戦略である。これに対して，「集中戦略」は，事業領域を絞り込み，低コストの実現，または独自性の発揮によって競争優位性を獲得する戦略である。この3つの基本戦略については，詳しく後述する。

2) 戦略群と収益性

戦略群のあいだでは，その戦略パターンにおいて差異があるばかりではない。その平均的な収益性の水準も異なっている。前述した5つの競争圧力は，産業の潜在収益力を決めるものであり，従って産業間の収益性の相違を生み出すものであるものの，それは戦略群間の収益性の相違を説明するためにも用いることができる。

すなわち，まず各戦略群は，特定の戦略の採用によってそれぞれ異なった参入障壁を形成している。この参入障壁は，その戦略群への産業外からの参入を阻止するばかりではなく，当該産業内の企業が一つの戦略群から他の戦略群へ

移動することを阻止する役割も果たしている。従って，この障壁は一般的に，移動障壁(mobility barrier)と呼ぶことができる。同一産業内の戦略群間の収益性の違いは，この移動障壁の高さの違いからもたらされているといえる。つまり，高い移動障壁をもつ戦略群に属する企業は，低い移動障壁しかもたない戦略群内の企業よりも，高い収益性を実現することができる。

同様に，収益性の高い戦略群に属する企業は，収益性が低い戦略群に属する企業に比して，供給業者や買い手に対してより強い交渉力をもち，また代替品・サービスの脅威に対しても強力な地位をもっている。また，産業内の既存競争企業間の競争の激しさに影響を及ぼす要因は，戦略群間の競争の激しさに対しても同様の影響を及ぼす。戦略群間で，標的とする顧客層が重なり合うほど，主要な戦略次元での差異が大きいほど，それだけ戦略群間の競争は激しくなる。同一産業内で見ると，他の戦略群からの競争にさらされる程度が小さい戦略群ほどより高い収益性を達成することができる(中橋，2005：21-22)。

(3) 3つの基本戦略

以上の5つの競争要因による業界の構造分析に続いて，業界内でのポジションを選択することが決まれば，基本的戦略は「コスト・リーダーシップ戦略」か「差別化戦略」に限定される。利益を上げるには，コストを下げるか，差別化による高付加価値化によって他企業よりも高い価格をつけるほかないからである。

これをまとめたのが，図2-3である。すなわち，何を製品とするのか，その

		戦略の優位性の源泉	
		製品の特異性	低コスト
標的市場	全体	差別化戦略	コスト・リーダーシップ戦略
	部分	集中戦略（差別化集中）	戦略（コスト集中）

出典：Porter(1985)，p.12引用

図2-3 3つの基本戦略

製品市場でコスト・リーダーシップ戦略と差別化戦略のいずれを採用するのか，採用した戦略（価格や差別化など）をどのように集中していくのかが戦略形成のプロセスである。

1）コスト・リーダーシップ戦略（cost leadership strategy）

コスト・リーダーシップは競合他社よりも低いコストで製品・サービスを生産・仕入れる戦略，あるいはそのようなことを行う企業の能力を指し，コスト優位（cost advantage）とも呼ばれる。

コスト・リーダーシップの成否を左右する一つの鍵は，長期的にこれを維持することができるかどうか，より厳密にはその能力が模倣されにくく持続的かどうかということにある。すなわち，コスト優位が戦略的にもつ価値は，ひとえにその持続性にあり，企業のコスト優位の源泉が競争相手によって模倣されにくい際に，持続性が生まれる（Porter, 1985：97）。

後述する差別化の場合，機能・デザインなどに関する特異性が形成され，差別化が行われたあと，そのような特異性はなくなっても買い手がその製品・サービスを特異と認識し続けることがある。つまり，差別化は惰性・慣性が働くことにより持続することがあるものの，コスト・リーダーシップについては何もせずにそれが継続することは基本的にはない。

商品の品質など，他の条件を同じとすれば，コスト・リーダーシップを維持している企業は，他社と同じ価格で商品を販売することにより他社よりも大きな収益を得ることができる。あるいは，他社と同じ利幅とした場合には，コストが低いことにより販売価格も低くなり，占有率の拡大を通じてその企業の収益は増大することになる[2]。ただし，その商品が買い手に，他社と少なくとも同等の場合，あるいは望ましい品質と認識されていない場合には，コスト・リーダーシップのもたらす効果が消滅することもありうる。

また，コストを変動させる重要な要因である「コスト推進要因（cost drivers）」には，下記のとおりである（Porter, 1985）。

- 規模の経済：スケール・メリットなど
- 習熟度：ランニング，経験の共有など
- キャパシティ利用のパターン：稼働率向上による固定費のカバーなど
- 連結関係：活動の最適化，調整による最適化など
- 相互関係：活動の共有化など
- 統合：垂直統合など
- タイミング：先発の有利，後発の有利など
- 自由裁量：製品・サービス政策，マーケティング・ミックスなど
- 立地：原材料コスト，人件費の変化など
- 制度的要因：規制，法律，労働慣行など

　コスト・リーダーシップ戦略には，過去の投資や習熟が無駄になってしまうようなテクノロジーの変化や新規参入者による模倣などによって，その持続力を失うことがある。コスト低減にばかり注意を集中するために，競合企業（競争相手）による製品・サービスやマーケティングの差別化を見過ごすなど多くのリスクがある（岸川，2006：177）。

2）差別化戦略(differentiation strategy)
　差別化戦略とは，自社の製品・サービスに何らかの独自性を出し，顧客の「ニーズの束」に対して競合企業（競争相手）との差をつけることによって相対的かつ持続的な優位性を保つための戦略である。
　差別化は競合企業の製品・サービスよりも高い価格で販売することができる。または，同じ価格であれば，販売量と占有率が増大する効果がある。すなわち，一般的に差別化にはコストがかかるものの，他方では差別化によって価格にプレミアムをつけられることができ，同じ価格であれば，より多く売ることができる。さらに，周期的かつ季節的閑散期にも買い手のロイヤルティにより一定レベル以上の収益が得られる(Porter, 1980：120)。
　場合によっては，製品・サービスの性能や主要スペック，デザインなどには

他社製品・サービスと大きな相違がないのに，マーケティングなどの活動によって，顧客の内部に特異性の認識が生まれることもある。このように特異性が顧客の心理や認識だけに立脚する場合にも，差別化が行われたと見なすことができる。製品・サービスの差別性は設計・開発のプロセスで形成されると思われがちだが，必ずしもそうではないのである。

差別化の源泉は，価値連鎖の全体に潜在的にあるものの，使用基準での特異性形成については開発，製造，物流，サービス活動が中心的役割を果たす。具体的には，製品・サービスのそのもの(品質，性能，デザイン，ブランドなど)の特異性による差別化，販売促進(広告，セールスマンの数，見本市・展示会の開催頻度など)の特異性による差別化，流通システム(流通チャネル，取引形態，マージンなど)の特異性による差別化など，さまざまな差別化が行われている。

差別化戦略には，競合企業(競争相手)と比べてコスト面での劣位性がありすぎると，差別化によるブランド・ロイヤルティが維持できなくなり，差別化の要因に対する買い手のニーズが落ち込むリスク，あるいは買い手が差別化と認めなくなるなどのリスクがある(岸川，2006：179)。

3) 集中戦略(focus strategy)

コスト・リーダーシップ戦略と差別化戦略が業界全体を対象としているのに対して，集中戦略は市場を細分化して特定のセグメントに対して経営資源を集中する戦略である。集中戦略は，コスト集中戦略と差別化集中戦略に分けられる。

集中戦略では，特定のセグメントとして，特定の製品・サービス，市場，顧客などが選択される。特定のセグメントをターゲットとして，細かく効率的な対応を図ることによって市場全体として低コストや差別化が不可能であっても，特定のセグメントでは低コストや差別化の達成が可能となることがある。

集中戦略には，戦略的に絞ったセグメントと市場全体で要望される製品・サービスのあいだに，品質や特徴面の差が小さくなるリスクと，戦略的に絞った

セグメントの内部にさらに小さな市場を競合企業が見つけて集中戦略を進める企業を出し抜いてしまうなどのリスクがある(岸川,2006：179)。

4)コスト・リーダーシップと差別化の両立可能性

　差別化とコスト・リーダーシップは,基本的に両立は難しいが,これに対しては研究者のあいだで議論があり,業界内に特別な条件がある場合,企業が特別な工夫や努力をすれば,この両立は可能とする研究もある。換言すれば,前者は「普通であれば難しいが,業界内に特別な条件があれば両立可能」とする研究であり,後者は「普通にすると難しいが,特別なことをすれば両立可能」とする研究である(白石,2005：146)。

　前者の代表的な研究には,以下のような研究がある。

　Hall(1980)は,生産規模が大きく,かつ業界全体の成長率が頭打ちになっている重機,洗濯機などの家電,自動車といった成熟産業では,差別化とコスト・リーダーシップの両立を追求することが可能であり,またそうしなければ高い収益性は維持することができないと指摘している。そして実際にこれを行って成功している企業が存在することを示した。そこで代表的な例として,重機業界においてはキャタピラー,家電業界においてはワールプールが挙げられた(Hall,1980：84)。

　また,Hill(1988)は,差別化の確立が場合によって,コスト・リーダーシップの構築を容易にすることができると指摘している。すなわち一定の条件が揃っている場合には前者の実現が後者の形成を促すということを示した。その条件とは,当該企業の差別化能力が高く,消費者が競合企業の製品・サービスを継続購買する傾向が小さく,市場の成長率が高く,市場がいくつかのセグメントに細分され,製造プロセスが新しく複雑であることである。さらに,規模の経済性,範囲の経済性があることである(Hill, 1988：409-410)。

　Ghemawat(2001)は,競争戦略の策定においては,企業内の一貫性よりも,市場のニーズに対応することが重要であると指摘した。市場が低コストと差別化の両方を要求しているならば,企業はたとえ戦略遂行の行動が多少混乱して

もコスト優位と差別化優位の両方を追求する必要性があると指摘した。すなわち，企業内部の一貫性(internal consistency)を追求するあまり，企業はコスト優位か，高い差別化かという戦略選択をしがちであるが，外部要因によって2つの戦略を同時に追求する状況が強いられることがありうる(Ghemawat, 2001：56-57)。

一方，後者つまり「特別なことをすれば両立可能」とする代表的な研究には以下のようなものがある。

Whitney(1988)は，新製品開発において部品の数をなるべく減らし，かつ個々の部品のバリエーションと部品間のインターフェースを予め決めておくことにより，コスト・リーダーシップと差別化の両方を追求することができると指摘した(Whitney, 1988：87)。

Robertson & Ulrich(1998)によれば，コダックはアメリカ市場で日本企業との激しい競争にさらされたが，1994年に70％を超えるシェアを獲得し，事実上この競争に勝利した。その戦略の中核になっていたのは，共通の製品プラットフォームからさまざまなモデルを開発するというものであった。同社はこれにより，製品の差別化を行う一方，開発や生産などのコストを日本企業より低い水準に抑えることができた(Robertson & Ulrich, 1998：19)。

また，Kim & Mauborgne(2005)は，コスト優位と差別化優位の両方を「バリュー・イノベーション(value innovation)」と名付け，これを土台に独自の市場セグメントを形成する戦略は「ブルー・オーシャン戦略(blue ocean strategy)」と呼ばれている(Kim & Mauborgne, 2005：12-13)。

3　戦略的志向性に関する理論的考察

(1)　戦略的志向性(Strategic Orientation)の概念

「企業の持続的な競争優位のために実行される戦略的方向や指針」(Gatignon & Xuereb, 1997)として定義される戦略的志向性は，企業のマーケティングおよび戦略意思決定の行為における原則を提供するものであって(Noble, Sinha, &

Kummar, 2002), 企業活動と計画の性格や範囲を決定する重要な基準となる。

　このような戦略的志向性を，Baker & Sinkula (1999a, b), Hurley & Hult (1998), Jaworski & Kohli (1993) は，「具体的革新のための行動とプロセスのセットあるいは前提条件」として認識し，企業文化として認識した。

　特に，持続的な競争優位の源泉に対する理解を戦略研究の主なテーマとして扱った Barney (1991) は，自分が創出した戦略が，現在あるいは潜在的競争者によって同時に行われず，模倣もできない時に，企業は持続的競争優位をもつと述べながら，上述した企業文化も競争優位の重要な源泉であると主張した。

　さらに，Hult & Ketchen Jr. (2001) は，RBV (resource based view) から市場志向性と非市場志向性を戦略的志向性の下位次元として取り上げ，その次元すべてが稀少で，価値があり，模倣困難の特性をもつ，企業の優位実績を導く資源として理解した。なぜなら，このような戦略的志向性は，組織的ルーチンに体化され，目に見えない形として組織構成員の間に拡散するからである。

　このようなマーケティングにおける戦略的志向性についての既存研究の共通点は，その下位次元に市場志向性が基本的に含まれていることである。これは，企業に戦略的志向性をもたらす要因の中でも，市場環境の変化がもっとも大きな影響力をもつからである。

　それでは，戦略的志向性には，市場志向性の以外にどのような次元が存在するのか。

　Baker & Sinkula (1999b), Gatignon & Xuereb (1997), Hult & Ketchen Jr. (2001), Hurley & Hult (1998) の研究では，市場志向性の独立的な潜在的価値のみならず，非市場志向性の概念が業績に与える影響を明らかにした。既存研究では，非市場志向性の具体的な概念として，学習志向性・起業家的志向性，製品志向性などが取り上げられ，これらは，市場志向性を補完する概念として認識された。以下では，戦略的志向性について，具体的に記述している既存の諸研究を整理した。

(2) 戦略的志向性に関する諸研究

1) Miles & Arnold (1991)の研究

　Miles & Arnold (1991)は，企業の活動と計画の性格・範囲を決定する重要な基準として市場志向性と起業家的志向性を提示し，この2つの志向性を事業志向性という概念として取り上げた。しかし，この事業志向性に関する彼らの理解は，90年代中ごろ以降からは戦略的志向性とほぼ同じ概念として認識された。

2) Gatignon & Xuereb (1997)の研究

　Gatignon & Xuereb (1997)は，市場志向的企業が新製品の成功を含む企業業績と有意な関係にあるという既存研究(Day, 1994；Narver & Slater, 1990；Slater & Narver, 1994)を踏まえて，顧客志向性・競争志向性・技術志向性という3つを戦略的志向性の下位概念として提示した。彼らが提示した3つの戦略的志向性の次元は，用語は異なるものの，既存の研究において多く引用されてきた概念と類似な内容を含んでいる。例えば，顧客志向性と競争志向性は，Narver & Slater (1990)の市場志向性と，技術志向性は学習志向性や起業家的志向性の概念(新たな技術の確保のための積極的な先行性を含む)とのつながりを示している。

3) Baker & Sinkula (1999b)の研究

　Baker & Sinkula (1999b)は，市場志向性と学習志向性が組織業績と製品革新に対して与える影響を測定し，2つの志向性を戦略的志向性として認識した。

4) Noble, Sinha & Kummar (2002)の研究

　Noble, Sinha & Kummar (2002)は，顧客・競争者・市場との相互作用を導く市場志向性の概念に，製品志向性・販売志向性を加えて戦略的志向性として認識し，組織学習と革新を媒介変数とした研究モデルを構築した。

　以上の既存研究に基づいて，本書では，戦略的志向性を「企業の具体的な革新や業績の創出において求められる戦略的姿勢およびマインド」と操作的に定義し，その下位次元として，Hult & Ketchen Jr. (2001)に基づき，市場志向性

表 2-3　戦略的志向性の次元に関する実証研究

研究者	戦略的志向性の次元
Miles & Arnold (1991)	市場志向性，起業家的志向性の2次元
Gatignon & Xuereb (1997)	顧客志向性，競争志向性，技術志向性の3次元
Baker & Sinkula (1999b)	市場志向性，学習志向性の2次元
Noble, Sinha & Kummar (2002)	市場志向性，製品志向性，販売志向性の3次元
Hurley & Hult (1998)	市場志向性，学習志向性の2次元
Pelham (2000)	販売志向性，生産志向性の2次元
Hult & Ketchen Jr. (2001)	市場志向性，非市場志向性の2次元

と非市場志向性に分けたあと，非市場志向性の概念として学習志向性と起業家的志向性を取り上げた。

　後述するように，本研究では，企業の成果と戦略的志向性との関係に新商品・サービス開発を媒介変数として挿入した研究モデルを構築した。顧客が興味をもつ商品を認知しようとする考え方は市場志向性であり，商品をより早く効率的に開発・提供しようとする考え方は学習志向性である。さらに，危険を負いながら先発参入者として市場ポジションを獲得しようとする考え方は起業家的志向性である。表2-3 は，戦略的志向性(strategic orientation)という用語を用いて，企業の成果やその下位次元間の関係を明らかにした実証研究である。

(3)　戦略的志向性としての市場志向性(Market Orientation)

　1950年代以降，マーケティング管理と戦略において市場の重要性がかなり強調されてきたものの，主な研究テーマは企業側がマーケティングの概念をどのように適用するかに焦点が当てられてきた。すなわち，企業文化，プロセスとしての市場志向性に関する議論は，1980年代後半まで具体化されず，それが企業の業績に与える影響や妥当性のある測定方法の提案なども行われなかった。もちろん，企業の意思決定において顧客の要求を反映することは非常に重要なことであると常に強調されてきたが，市場志向性は1980年代までそれほど取り扱われてこなかった。

1990年代に入って，競争範囲のグローバル化，不確実性の増加，洗練化かつ多様化された消費者のニーズなどに対応するため，市場志向性が強調されるようになった(Pelham, 2000)。すなわち，企業が他の企業より優位の競争力を確保し，持続的成長を図るためには，企業活動の場である市場の情報に対して十分な知識を持たなければならない。市場志向性は，組織が顧客の要求と競争者の能力に関する情報を持続的に収集できるようにすることだけではなく，より優れた顧客優位の創出のために収集された情報を活用することを可能とする。

　この市場志向性が独立的な研究テーマとして具体化され，企業業績との関係に関する研究が活発になったのは，Kohli & Jaworski (1990)の研究からである。彼ら以降の市場志向性に関する研究は，それが顧客に対する優位価値の創出および持続的競争優位をもたらすのか否かを議論し，理論的・実証的分析を通じて，市場志向性が企業の業績に肯定的な影響を与えることを検証した(Day, 1994；Deshpande, Farely & Webster, 1993；Han, Kim & Srivastava, 1998；Jaworski & Kohli, 1993；Kohli & Jaworski, 1990；Narver & Slater, 1990；Slater & Narver, 1994, 1995)。

　この市場志向性の概念に対しての諸研究の定義は以下のとおりである。Kohli & Jaworski (1990)は，「顧客の現在や未来欲求，そしてそれに影響を与える外生変数に対する情報の生成，拡散，対応の総称」と定義し，Day (1994)は，「顧客を満足させ，顧客を理解することに関する顧客優位」，Slater & Narver (1995)は，「市場情報の意味に関するコンセンサスへの到達と情報共有への強力な規範の提供はもちろん，顧客に対する優位価値の創出と維持を最優先する組織的価値システム」，Deshpande & Farely (1998)は，「持続的な顧客要求の測定を通じて顧客を創出し，満足させる機能間のプロセスや活動の集合」と定義した。

　また，Day (1994)は，市場志向性がもつ基本的な特性として，顧客の利益を最優先する信頼の総体，顧客および競争者に対する優位の情報を生成・拡散させる能力，顧客価値を引き出すための機能間の調整という3つの特性を提示した。

　Kohli & Jaworski (1990)と Narver & Slater (1990)以降展開された実証研究

において市場志向性の下位次元は，3つのパターンに分類される。すなわち，Kohli & Jaworski (1990) が提示した3つの次元 (市場情報の生成・拡散・対応) に基づいた研究 (KJ系)，Narver & Slater (1990) が提示した3つの次元 (顧客，競争者，機能間の調整) に基づいた研究 (NS系)，Deshpande, Farely & Webster (1993) が提示した統合次元 (機能間の調整を前提した上，顧客，競争者を統合) に基づいた研究 (DFW系) である。

しかし，基本的概念および実証研究のために取り上げられた測定項目の具体的な内容は非常に類似している。また，企業文化としての認識，顧客中心の具体的な企業の活動やプロセスとしての市場志向性に対する認識はほぼ同じである。

実際に，Narver & Slater (1990) と Slater & Narver (1995) は，市場志向性として提示した3つの次元と，Kohli & Jaworski (1990) と Jaworski & Kohli (1993) が提示した市場情報の生成・拡散・対応は，概念的に類似であると説明し，顧客・競争者・機能間の調整には，各々市場情報の生成・拡散・対応が含まれていると述べた。また，Cadogan & Diamantopoulos (1995) は，市場志向性の測定尺度は概念的に重複していると説明している。

以下では，市場志向性に関する既存研究をレビューする。

1) Kohli & Jaworski (1990) の研究

Kohli & Jaworski は，市場志向性の次元の設定・操作的定義を行い，市場志向性と関連した研究のフレームワークを提示した。彼らは，過去35年間の研究をレビューし，アメリカの4つの都市にある62社の企業のマネジャーに対して深層インタビュー (depth interview) を行った。

その結果，企業行動における顧客の現在・未来欲求とそれに影響を与える要因の理解と開発の必要性を提示し，理解・開発した情報に対して各部門間の情報の共有とともに，顧客の欲求を満たすためには多様な部署の参加の必要性を明らかにした。

さらに，これに基づいて，市場情報 (market intelligence) に対する生成 (generation),拡散(dissemination),対応(responsiveness)という3つの次元を市場志向性の下位次元として取り上げた。

　第1に,市場情報の生成は,市場志向性の出発点であり,市場志向性の追求における核心となる。この市場情報は,単純に現在存在する顧客欲求やニーズのみから生成されるわけではなく,潜在顧客の未来欲求とニーズに影響を与える多様な外生要因(exogenous factors;政府の規制,技術の変化,競争者などの環境要因)も含め,市場に存在するすべての補完的メカニズムから生成される。

　第2に,市場情報の拡散は,生成された市場情報が組織内すべての個人および部署に関わることを意味する。効率的な市場情報の拡散は,異なる部署間の一体化行動のために求められる共有のフレームを提供する。

　第3に,市場情報への対応は,市場情報の生成および拡散が可能な組織であっても,それが市場の要求に対応できないとすれば,あまり意味がないことになる。特に,市場情報は生成され,拡散される過程においても変化する可能性がある。それゆえ,企業のもつ市場情報への対応能力は,市場情報の生成,拡散とともに全体的プロセスとして認識する必要がある。

2) Narver & Slater (1990)の研究

　Narver & Slaterは,企業のマーケティング管理と戦略において,市場志向性が核心的であるにもかかわらず,それが企業の業績に与える影響について妥当性のある測定方法の開発が遅れていることに注目して,市場志向性の妥当性のある測定方法の開発とそれが企業の業績に与える影響の分析を試みた。

　市場志向性を「顧客への優位価値創出のため,求められる行動をもっとも効率的かつ効果的に引き出して持続的に業績を導く組織文化」と定義した上で,組織が持続可能な競争優位を実現するためには,顧客に対する持続可能な優位価値(superior value)の創出とともに,顧客との長期的な相互利益関係を構築する必要があると強調した。

　また,市場情報の生成・拡散・対応として市場志向性を提示したKohli & Jaworski (1990)の研究と行動的観点(behavior content)での同一性を言及しなが

ら，顧客志向性，競争者志向性，機能間調整という3つの下位次元を提示した。

顧客志向性は，現在および潜在的顧客欲求に関する持続的理解と顧客価値を創出するための知識の活用を意味する。これは，企業に持続的な優位価値の創出をもたらす。

競争者志向性は，標的顧客を満足させる現在および潜在的競争者の能力・戦略に関する持続的理解と顧客価値を創出するための知識の活用を意味する。すなわち，現在および潜在的競争者の長期的能力と戦略，強みと弱みに関する企業の理解を意味する。

機能間の調整は，顧客に対する優位価値を引き出すため，顧客および他の市場情報の使用における企業全体の機能間調整を意味する。彼らは，経営者によってそれぞれの下位部署が統合・調整される際に，シナジー効果が生み出されると語りながら，顧客に対する企業の価値創出をより効果的・効率的に引き出すために企業全体の部署間の調整努力の必要性を強調した。

実際に，米国企業の140個の戦略事業単位を対象とした実証分析の結果は，市場志向性と企業の業績のあいだには，強い相関関係にあることを明らかにした。

3）Jaworski & Kohli (1993)の研究

Jaworski & Kohliは，Kohli & Jaworski (1990)の研究で提示した枠組みを用いて，市場志向性の前提条件として経営層の姿勢，部署間関係，組織システムを提示し，環境要素の考慮の必要性を主張した。さらに，より競争的な環境下での企業はより市場志向性をもつと指摘した。

また，マーケティング科学協会加入の企業1,000社とアメリカマーケティング協会加入の企業500社を対象とした実証分析の結果によって，市場志向性と企業の業績のあいだの肯定的因果関係を明らかにした。また，業績における市場志向性の重要性を強調しながら，その関係は，市場変動，技術革新，競争集約度という環境変数によって媒介されることを示した。

4) Deshpande, Farely & Webster (1993) の研究

 Deshpande, Farely & Webster は，Narver & Slater (1990) の研究を批判しながら，機能間調整を前提した上で，顧客志向性と競争者志向性の統合を試みた。特に，顧客志向性を企業のもつ独特な文化として認識し，組織的革新性も変数として取り上げ，企業の業績との関係を分析する必要性があると主張した。彼らは，顧客がある企業あるいはある製品を選択することは，特定の企業あるいは製品だけではなく，市場内のすべての競争企業・製品を考慮した上で行われることなので，顧客志向性の中には，競争者の行動や意図も含まれていると指摘した。

5) Slater & Narver (1994) の研究

 Slater & Narver は，市場志向性の重要性を強調しながら，上記の1)，2)，3) の研究を踏まえたうえで，市場志向性と企業の業績のあいだで競争環境に焦点をおいて実証分析を行った。

 彼らが提示した競争環境の概念は，市場変動，技術変動，競争的抵抗，市場成長率である。Fortune が選定した大企業500社に属する117個の戦略的事業単位を対象とした実証分析の結果から，市場変動と競争的抵抗が高いほど，技術変動と市場成長率が低いほど，市場志向性と企業の業績との相関関係は高くなることが明らかになった。

6) Deshpande & Farely (1998) の研究

 Deshpande & Farely は，およそ10年間の市場志向性に関する実証研究での測定項目を3つのパターンに区分し，それぞれパターン間の相関関係を検証することによって市場志向性の測定項目の一般化かつ統合化を図った。彼らが提示した3つのパターンと項目は，Narver & Slater (1990) の15項目，Kohli, Jaworski & Kumar (1993) の20項目，Deshpande, Farely & Webster (1993) の9項目である。

 この3つのパターンに対して27社の多国籍企業のマーケティング実務家を

対象とした実証分析の結果，高い信頼性と妥当性が認められ，相関関係も確認された。

この実証分析の結果に基づいて，市場志向性を「顧客焦点」から認識した上で，「顧客の欲求に対する持続的な調査や評価によって新たな顧客を創出し，顧客を満足させるために企業が行う行動や機能間プロセスのセット」として定義し，市場志向性の測定項目を10項目にまとめた。

7) Noh (1998) の研究

Nohは，市場志向性と企業の業績についての多くの既存研究が抱えた横断的研究 (cross-sectional study) の限界を克服するため，縦断的研究 (longitudinal study) を試みた。

Jaworski & Kohli (1993) が提示した市場情報の生成・拡散・対応における32個の測定項目を用いて，アメリカの54個の戦略的事業単位を対象とした。1986年から1995年までの業績を用いて分析した結果，市場志向性が高い戦略的事業単位の財務的業績が高く，市場志向性の効果は時間の経過につれて高くなることが明らかになった。また，市場志向性の低い企業は，安全性を追求し，危険を回避する傾向が強い反面，市場志向性の高い企業は，挑戦的であり，危険を抱える傾向が強いことが明らかになった。

8) Yoo, Kang & Lee (1998) の研究

Yoo, Kang & Leeの研究では，サービス企業における市場志向性と業績との関係を明らかにするため，ベンチマーキング，サービス品質，顧客満足を媒介変数として取り上げ，実証分析を行った。

Jaworski & Kohli (1993) が提示した市場情報の生成・拡散・対応の概念に基づき，ホテルと金融機関を合わせて200社を対象とした。その結果，市場志向性と企業の業績との関係において，ベンチマーキングと顧客満足は媒介的役割を果たしていることを明らかにした。

9）Lee（1998）の研究

　Leeは，市場志向性に影響を与える先行条件，媒介変数および企業の業績に対する総合的な枠組みを提示しながら，非営利組織である大学を対象として関連変数間の因果関係を明らかにした。

　Jaworski & Kohli（1993）と Kohli, Jaworski & Kumar（1993）の市場志向性概念を導入し，最高経営者の特性，組織構造，部署間力動性を影響変数として職務満足，組織へのコミットメント，サービス・イメージを媒介変数として取り上げた。そして，競争大学と比較した全般的な業績の相対値を結果変数とした実証分析の結果，影響変数と市場志向性は有意な因果関係にあることが明らかになり，職務満足，組織へのコミットメント，サービス・イメージの媒介変数も市場志向性と業績のあいだで媒介的役割を果たしていることが明らかになった。

10）Pelham（2000）の研究

　Narver & Slater（1990）と Jaworski & Kohli（1993）の研究に使われた測定項目を考慮した上で，顧客理解志向性，顧客満足志向性，競争志向性という3つの次元の16項目を利用して，アメリカの産業財企業160社を対象とした実証研究の結果，既存の研究と同様に市場志向性がすべての業績変数と肯定的関係にあることが明らかになった。

11）Kim, Jeon & Lee（2001）の研究

　Kim, Jeon & Lee は，市場志向性の効果が，流通経路内において業績にどのような影響を与えるのかに焦点をしぼり，関連概念間の因果関係の検証を試みた。また，市場志向性と業績とのあいだでの企業間情報共有の媒介的役割についても検証した。

　Kohli & Jaworski（1990）が提示した市場志向性に基づいて29項目を利用し，業績変数としては信頼，好意，満足，転換意図，長期志向性を取り上げた。韓国の産業財流通企業156社を対象とした実証分析の結果，市場志向性は企業間

情報共有を経て信頼に影響を与えることが明らかになった。

　以上の既存研究のレビューにより，本書では，戦略的志向性としての市場志向性を Kohli & Jaworski(1990)および Jaworski & Kohli(1993)の研究に基づいて，「顧客の現在・未来の欲求，それに影響を与える外生変数に対する情報の生成，拡散，対応の総称として捉え，顧客中心の具体的な企業の活動やプロセスとしての認識」と操作的に定義する。

(4) 戦略的志向性としての学習志向性(Learning Orientation)

　Kohli & Jaworski(1990)と Narver & Slater(1990)から始まった市場志向性に関する研究は，現在までマーケティングにおいて主なテーマの一つとして扱われている。市場志向的な企業文化が持続的な価値創出を可能とする基礎を提供することは，多くの研究を通じて確認されてきた。しかし，このような市場志向的行為をより効果的かつ効率的にするための関連変数への考慮も増えている。

　市場志向性に関する研究は，1990年代中頃までは市場志向性そのものに焦点をおいて展開されてきたが，それ以降は市場志向性の概念に組織学習，学習志向性の概念が導入され，新たなパターンが展開されてきた。

　実際，企業の業績における市場志向性と学習志向性との関係についての研究は，市場志向性の研究に組織学習の概念を導入しようとする試みから始まった(Day, 1994 ; Sinkula, 1994 ; Slater & Narver, 1995)。

　Hunt & Morgan(1995)は，企業に競争優位をもたらす重要な資源として学習志向性を取り上げた。この学習志向性は，市場志向性との補完的関係が提示され，業績における両者の相対的重要性を確認した(Baker & Sinkula, 1999a, b ; Farrell, 2000 ; Farrell & Oczkowski, 2002)。すなわち，市場志向性とともに企業の業績を説明する重要な概念として議論された。

　本書では，Baker & Sinkula(1999a, b)に基づいて，知識の創出および使用に対する構成員たちの傾向と関連した学習へのコミットメント，ビジョンの共有，

思考の開放性の3つの次元を取り上げる。

第1に、学習へのコミットメント(Commitment to Learning)である。学習に対する組織および構成員の認識と具体的行動としてのコミットメントがある場合、学習は行われる。すなわち、組織全体の構成員たちの自発的なコミットメントは、大きなシナジー効果をもたらすため、経営層は積極的な報奨システムの構築と意思決定への参加誘導など、構成員の学習へのコミットメントを強化する必要がある。

第2に、ビジョンの共有(Shared Vision)である。企業内で明確に定義されたビジョンの存在を前提にするビジョンの共有は、企業のミッションあるいは業績などをどのくらい理解しているのかによって説明することができる。それゆえ、企業は常に明確な事業方向および目的などのビジョンを提示すべきである。このようなビジョンの構築および拡散のプロセスには、リーダーをはじめとする経営層の意志と努力が重要である。

第3に、思考の開放性(Open-Mindedness)である。思考の開放性は、組織あるいは構成員がもっている環境変化および意識に関する柔軟な思考を意味する。これは新たなことに対する受容の程度と読み替えることができるものであり、上述したビジョンの共有、学習へのコミットメントと連携して持続的な変化と改善に対して重要な要因となる。

以下は、学習志向性に関する既存研究をレビューする。

1) Slater & Narver (1995) の研究

Slater & Narver は、市場志向性と組織業績との関係に関して有意な結果を示した既存研究に対して、市場志向性は、組織の適応学習だけを強調し、新たな概念、システム、手続きの生成などの創出学習を妨害する恐れがあると指摘した。そして企業が市場志向性のもつ限界を克服し、持続可能な競争優位を獲得するためには、市場志向性中心の認識を超えた組織学習の概念の必要性を主張し、企業は学習志向的になるべきであると強調した。

市場志向性は、市場に対する学習能力を極大化させる過程においての出発点

にすぎないので、顧客および競争者から導入された知識に基づいて、より優れた価値創出の重要性を強調した。すなわち、彼らは、市場志向性が高いレベルの学習プロセスに補完される際、業績との関係が有意であると語り、組織学習を強調する規範および価値として学習志向性を提示した。

2）Sinkula, Baker & Noordewier (1997) の研究

Sinkula, Baker & Noordewier は、組織学習に対する関心の増加にもかかわらず、学習に対する欲求の創出（組織価値）、学習における情報関連行動（市場情報のプロセス）、組織学習を反映する組織システムや手続き、市場行動（組織的行動）の変化のあいだの相互関係については不明な点があると指摘し、組織学習の究極的な生産性と効率性を極大化するために求められる3つの要素（組織価値、市場情報のプロセスの行為、組織的行動）に基づく組織学習のフレームワークを提示した。

このフレームワークは、組織学習のプロセスを単に概念化するだけではなく、現在までは別々に議論されてきた組織学習の概念を統合するための実証分析を可能にすることに目的があった。

とりわけ、知識を創造し使用する企業の特性に影響を与える組織的価値を引き起こす土台として、学習志向性を概念化し、それを学習へのコミットメント、ビジョンの共有、思考の開放性という3つの下位次元を取り上げた。この研究は、学習志向性の下位次元を具体的に提示した最初の研究として評価されている。

3）Hurley & Hult (1998) の研究

Hurley & Hult は、市場志向性と業績のあいだでの学習志向性の媒介的役割を提示した Slater & Narver (1995) の研究を踏まえた上で、革新性の役割に注目した。高い水準の革新性は、学習、開発を強調する企業文化と関連し、意思決定に関与すると指摘しながら、市場志向性と組織学習に関する研究に革新を加えた統合モデルの必要性を主張した。

4) Baker & Sinkula (1999a) の研究

 Baker & Sinkula は，学習は競争優位の重要な要因であり，市場志向性と学習は同じものではないという2つの仮定に基づいて，学習志向性と市場志向性との関係，それらと組織の業績との関係について研究を行った。

 組織が強い市場志向性と学習志向性をもつ場合，それは組織の持続可能な競争優位の生成と高い相関がある。具体的に，市場志向性を市場についての情報収集活動に影響を与える企業特性とし，学習志向性を価値生成活動に影響を与える企業特性として考えた上で，市場志向性と学習志向性との関係，2つの志向性と組織の業績との関係を分析した。

 その結果，2つの志向性と組織の業績は正の相関関係にあることが明らかになった。しかし，業績に対する2つの志向性の相対的重要度の差は明らかにならなかった。

5) Baker & Sinkula (1999b) の研究

 彼らは，業績に対する市場志向性の効果が組織革新によって調整されることを明らかにした Han, Kim & Srivastava (1998) の研究と，業績に対する学習志向性の効果が組織革新によって調整されることを明らかにした Hurley & Hult

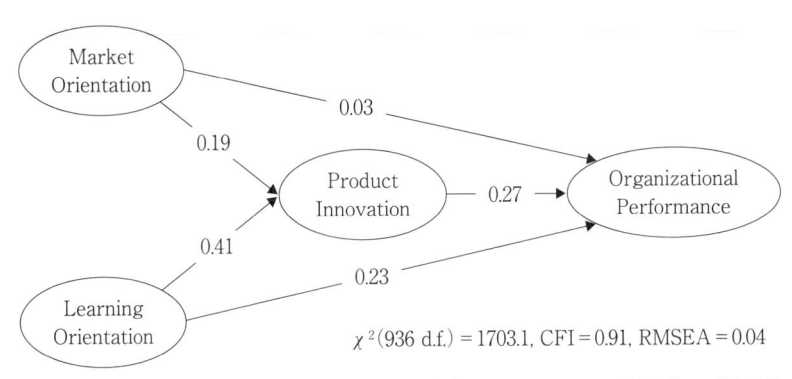

χ^2(936 d.f.) = 1703.1, CFI = 0.91, RMSEA = 0.04

出典：Baker & Sinkula (1999b), p.304 引用

図 2-4　Baker & Sinkula (1999b) の検証モデル

(1998)の研究に基づき，戦略的志向性を構成する下位次元として市場志向性と学習志向性を取り上げたモデルを構築した。

このモデルにより，業績に対する2つの戦略的変数の相対的重要度の説明が可能となり，それを通じて経営者は戦略の樹立・実行など戦略的意思決定において適切な資源の配分ができると語った。

モデルの検証のための実証調査を行い，8つのカテゴリ別の250社の企業を選択し，質問紙2,000部のうち411部が回収された。分析の結果，市場志向性と学習志向性は製品革新を媒介として間接的に組織の業績に影響を与えることが明らかになった。

さらに，Baker & Sinkula (1999a)の研究結果と違って，学習志向性が市場志向性より業績に対する優位な影響力をもつことが提示され，学習志向性の相対的重要度が高いことが明らかになった(図2-4参照)。

6) Baker & Sinkula (2002)の研究

Baker & Sinkulaの研究では，業績における市場志向性と学習志向性の相互補完関係を強調した既存研究を踏まえ，製品革新能力を増大させるためには，市場志向性と学習志向性がどのように相互作用するかについてより明確に説明した。彼らは，そのため次の3つの段階を提示した。

第1段階は，企業の学習が典型的に市場志向的な漸進的革新によって制限される場合である。第2段階は，企業の学習が適応学習までは行われるものの，やはり市場志向的な漸進的革新によって制限される場合である。第3段階は，企業内で生成学習が展開され，この生成学習が急進的な革新を促す場合である。

彼らは，この第3段階に存在する企業が，動態的市場環境において持続可能な競争優位を保つと述べた。

7) Farrell & Oczkowski (2002)の研究

Farrell & Oczkowskiは，市場志向性を除いて学習志向性を追求することは，組織業績の減少をもたらす恐れがあると語った。すなわち，市場情報に対する

分析が行われなければ，市場ニーズに応えられる新製品開発が不可能であり，学習志向性のみを強調する場合は市場情報がもつシグナルを見逃す可能性があると述べた。

実証調査においては，オーストラリアにある2,000社の製造企業を対象として，Narver & Slater (1990) が提示した市場志向性の次元と Baker & Sinkula (1999b) が提示した学習志向性の次元に基づいた測定項目を用いて分析を行った結果から，市場志向性が学習志向性と組織業績とのあいだで調整的な役割を果たすそのことを強調し，学習志向性より市場志向性の相対的重要度が高いことが明らかになった。この結果は，Baker & Sinkula (1999b) の研究結果とは反対の結果である。

この結果に基づき，Slater & Narver (1995) の「市場志向的企業は，危険の受け取りができず，現在の顧客や競争者のみに焦点をしぼることによって潜在的な顧客や競争者を見逃す恐れがある」という主張は不適切であると主張しながら，その根拠として「市場志向的企業は，製品，顧客，そして産業パラダイムに存在するさまざまな"仮定"に対する挑戦である」と主張した Levitt (1960) の研究，「市場情報は顧客のニーズと選好に影響を与える外的市場要因に基礎し，この外的市場要因は現在および未来の顧客のニーズを含む幅広い概念である」と主張した Kohli & Jaworski (1990) の研究を取り上げた。

以上のレビューにより，本書においては戦略的志向性としての学習志向性を Baker & Sinkula (1999a, b) の研究に基づいて,「知識を創造し，使用しようとする企業の業績に影響を与える組織的価値特性」と操作的定義し，学習へのコミットメント，ビジョンの共有，思考の開放性という3つの下位次元を取り上げる。

(5) 戦略的志向性としての起業家的志向性(Entrepreneurial Orientation)

Schumpeter (1951) によると，起業家精神(entrepreneurship)は市場の均衡を破壊し，新たな組み合わせを作り出すと語りながら，経済のプロセスを促進す

る起業家精神に注目した。加えて，その起業家精神の基本は革新であると述べ，その新たな組み合わせを行う個人を起業家(entrepreneur)と定義した。

さらに，Carland, Hoy, Boulton & Carland (1984)は，起業家を企業の利益と成長を目標として革新的行動を行う個人と定義し，起業家のもつ起業家精神は事業機会の追求の誘導，事業拡張，技術的進歩，富の創出を促すと述べた。

このような起業家精神の概念を個人から組織へ拡張した概念が起業家的志向性であり(Lee, Lee & Pennings, 2001)，革新性，危険追求性，先行性という3つの下位次元として提示したMiller (1983)の研究を基礎として確立されてきた。Miller以降の多くの研究者は，その3つの下位次元が企業内で一貫した行動とプロセスのセットとして連携することを強調しながら，起業家的志向性という用語を使用してきた(Morris & Paul, 1987；Miles & Arnold, 1991；Lee, Lee & Pennings, 2001)。また，Covin & Covin (1990)は，既存の3つの次元に競争追求性を加えて4つの次元を提示したが，先行性と同じ概念として理解された。

Lumpkin & Dess (1996)は，起業家精神と起業家的志向性の概念的差異について考察した。初期の戦略論に関する研究は，市場参入と起業家精神を同様に取り扱った。つまり，起業家精神の基本的な概念は，新規参入そのものであった。しかし，戦略的管理論の発展につれて，起業家的プロセス，すなわち起業家的行動のために用いられる経営者の意思決定スタイル，慣行，方法論も新たに浮上した。起業家精神が新規参入を説明することに対して，起業家的志向性はどのようにしてその新規参入を行うのかを説明する概念であり，その新規参入を導く意思決定行動，慣行，プロセスに焦点が置かれた。

このように，起業家的志向性は核心的構成員(組織全体)の行動や意図を含む企業行動の概念として理解された。また，起業家的志向性は，高業績と肯定的な関係にあることが明らかになった(Covin & Slevin, 1989；Drucker, 1998；Lumpkin & Dess, 1996, 2001；Matsuno, Mentzer, & Ozsomer, 2002)。その用語も起業家的特性，起業家的志向性，起業家的管理などさまざまである。

これらの研究に共通に用いられた操作的定義では，Miller (1983)が提示した，革新性，危険追求性，先行性の3つの次元であった。この3つの次元は，市場

の既存構造の破壊と組織の再構成を図る企業に理論的フレームワークを提供し，持続可能な競争優位の創出と企業の業績の向上のため，多く用いられた。

本書では，Miller (1983)に基づいて起業家的志向性の下位次元として革新性，危険追求性，先行性の3つの次元を取り上げる。

第1に，革新性(Innovativeness)である。革新性には，新製品・サービスを導く新たなアイディア，実験，創出のプロセスを支援，あるいは導入する企業の傾向を反映している。

第2に，危険追求性(Risk Taking)である。Baird & Thomas (1985)は，危険の意味を，未知への挑戦，相対的に大規模の資産の投入，大規模の借金の3つの形態を提示した。危険追求性はその危険を管理し，高収益の獲得ができるように企業の能力を求める。すなわち，企業は高い危険を追求することは，それだけの能力と自信の表出であり，大きな危険が存在する市場環境で行動できることを意味する。

第3に，先行性(Pro-activeness)である。Lumpkin & Dess (2001)は，ある市場内での企業が，最初の参入者としての市場機会をどのくらいもっているのかを説明する概念として先行性を取り上げた。そして，彼らは動態的環境における先行性と業績との間には肯定的関係があることを明らかにした。

表2-4は，既存研究で用いられた起業家的志向性の下位次元を整理したもの

表2-4 起業家的志向性の下位次元

研究者	起業家的志向性の下位次元
Miller (1983)	革新性，危険追求性，先行性
Morris & Paul (1987)	革新性，危険追求性，先行性，積極性
Covin & Slevin (1989)	革新性，危険追求性，先行性，積極性
Miles & Arnold (1991)	革新性，危険追求性，先行性，積極性
Lumpkin & Dess (1996)	革新性，危険追求性，先行性，競争への積極性，自立性
Hult & Ketchen Jr. (2001)	起業家精神，革新性
Lumpkin & Dess (2001)	革新性，危険追求性，先行性，競争への積極性
Lee, Lee & Pennings (2001)	革新性，危険追求性，先行性
Matsuno, Mentzer & Ozsomer (2002)	革新性，危険追求性，先行性

である。上述したように，Millerの提示した3つの下位次元が共通に使われたことが分かる。

以下では，起業家的志向性に関する既存研究をレビューする。

1) Miles & Arnold (1991)の研究

Miles & Arnoldは，既存研究のレビューを通じて，市場志向性と起業家的志向性の2つの志向性の概念およびキーワードを整理した。その整理に基づいて，11項目の市場志向性の測定項目，9項目の起業家的志向性の測定項目を抽出した。それらの項目を用いて実証調査を行い，それぞれ因子分析を行った結果，市場志向性は4つの因子，起業家的志向性は2つの因子が抽出された。

抽出された因子に対して因子名はつけなかったものの，因子間の相関分析により，市場志向性と起業家的志向性のあいだには有意な相関関係が認められた。

2) Lumpkin & Dess (1996)の研究

Lumpkin & Dessは，起業家的志向性の下位次元を明確化するとともに，起業家的志向性と企業の業績間の関係を検証するための枠組みを提案した。さらに，起業家精神と起業家的志向性の概念的差異に関しても言及した。

すなわち，起業家精神の基本的な概念は新規参入であることに対して，起業家的志向性はどのようにその参入が行われるのかを説明するものであると述べた。

また，起業家的志向性の下位次元に関しては，Millerの3つの次元以外に競争への積極性と自立性を挿入して，5つの下位次元で起業家的志向性を説明した。

3) Lumpkin & Dess (2001)の研究

Lumpkin & Dess (1996)の研究で提示した5つの起業家的志向性の下位次元のうち，自立性を除いた4つの下位次元を用いて，起業家的志向性と企業の業績の関係について実証分析を行った。

表2-5　2つの因子と業績との関係(回帰分析)

変　数	Sales Growth		Return on Sales		Profitability	
	β	S.E.	β	S.E.	β	S.E.
先行性	0.44***	0.11	0.27**	0.12	0.24*	0.13
競争への積極性	−0.09	0.09	0.04	0.10	0.10	0.10

*p < 0.05 ; **p < 0.01 ; ***p < 0.001
出典：Lumpkin & Dess(2001), p.444引用

　特に，先行性と競争への積極性の区別に注目した。その理由は以下のとおりである。先行性は市場の機会に対して企業がどのように関わるかのことであり，競争への積極性は既に市場に存在する競争的傾向や欲求に対して企業はどのように反応するのかのことである。このような概念的差異があるにもかかわらず，既存研究においては2つの概念が同一の概念として取り扱われ，企業の業績に対しても似たような効果を発揮するとされてきたからである。

　従って，先行性と競争への積極性は同一の概念ではないことを証明するため，アメリカの124人の戦略実務者を対象に実証調査を行った。サンプルは124であり，因子分析による起業家的志向性の因子を抽出し，抽出された因子と業績との関係を明らかにするため，回帰分析を行った。

　まず，因子分析の結果，起業家的志向性の革新性，危険追求性，先行性，競争への積極性4つの因子が抽出され，先行性と競争への積極性は同一の概念ではないことを証明した。さらに，2つの因子(先行性と競争への積極性)と企業の業績との関係に対する回帰分析の結果，先行性は業績(Sales Growth, Return on Sales, Profitability)に影響を与えることが明らかになったものの，競争への積極性は有意な結果が得られなかった(表2-5参照)。

　以上の結果に基づいて，先行性は市場の機会に反応することであり，競争への積極性は市場の危機に反応することであると述べた。

4) Hult & Ketchen. Jr.(2001)の研究

　既存研究のレビューを通じて，市場志向性が企業の成果に肯定的な影響を与

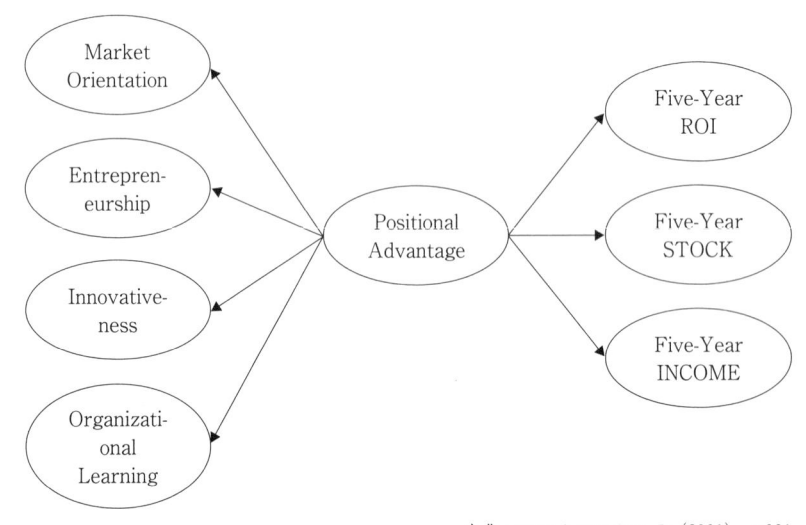

```
        Market
      Orientation                                      Five-Year
                                                         ROI
      Entrepren-
       eurship              Positional                 Five-Year
                            Advantage                    STOCK
      Innovative-
         ness                                          Five-Year
                                                        INCOME
     Organizati-
        onal
      Learning
```

出典：Hult & Ketchen. Jr.(2001), p.901

図 2-5　Hult & Ketchen. Jr.(2001)の検証モデル

えているものの，多くの研究が潜在的な価値については考慮してないことを指摘した。つまり，企業の成果に対する市場志向性の重要性を前提とした上で，その市場志向性が他の変数との関わりによって，より高い潜在性を発揮する可能性があると語った。

　彼らは，Resource-Based View から企業のポジション優位に寄与する4つの能力，市場志向性，起業家精神，革新性，組織学習を独立変数とし，企業の成果を従属変数とする研究モデルを構築した(図 2-5 参照)。その中で，起業家精神と革新性の概念は，本論文での起業家的志向性につながる。

　モデルの検証のため，年間売上高が1億ドル以上であり，50カ国以上で企業活動を行っている1000社を母集団として，その中の181社から得られたデータを用いて分析を行った。その結果，市場志向性，起業家精神，革新性，組織学習の影響から企業のポジション優位が向上することが明らかになった。

5) Lee, Lee & Pennings (2001) の研究

Lee, Lee & Pennings は，内部能力 (internal capabilities) と外部ネットワーク (external networks) が企業の成果に及ぼす影響の分析を試みた。内部能力として起業家的志向性，技術能力，財政資源を取り上げ，外部ネットワークとしてはパートナーシップとスポンサーシップを取り上げた。

韓国の技術ベンチャー企業137社からのデータを用いて実証分析した結果，3つの内部能力すべてが企業の成果に影響を与えることが明らかになり，外部ネットワークの場合は，パートナーシップが企業の成果に影響を与えることが明らかになった。

6) Matsuno, Mentzer & Ozsomer (2002) の研究

一般的に市場志向性が企業の成果と肯定的影響関係にあることは，既存研究を通じて頻繁に検証されてきた。さらに，起業家的志向性と企業の成果との関係も多くの研究で検証されてきた。しかし彼らは，この2つの概念を統合し，

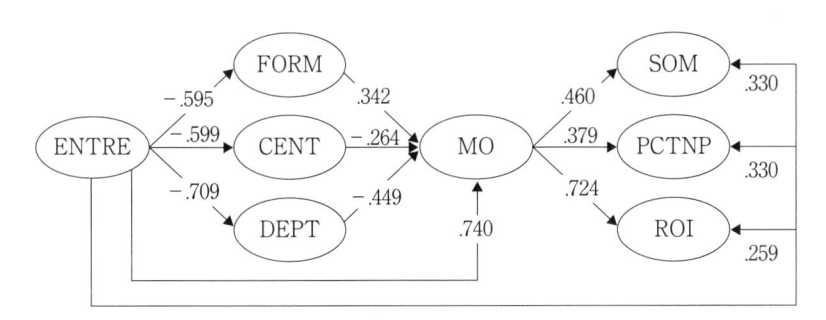

ENTRE: entrepreneurial proclivity
FORM: formalization
CENT: centralization
DEPT: departmentalization
MO: market orientation
SOM: market share
PCTNP: percentage of new product sales to total sales
ROI: return of investment

$\chi^2 = 334.487$ d.f. $= 109$
GFI $= .897$
AGFI $= .855$
NCP $= 225.487$
NFI $= .872$
CFI $= .909$

出典：Matsuno, Mentzer & Ozsomer (2002), p.25を基に修正

図2-6 Matsuno, Mentzer & Ozsomer (2002) の検証モデル

表2-6 戦略的志向性に関する既存研究の整理

研究者	測定変数	標本	従属変数	その他
Kohli & Jaworski (1990)	市場情報の生成,拡散,対応	CEOに対する深層インタビュー	理論研究	市場志向性に関する最初の研究
Narver & Slater (1990)	顧客志向性,競争者志向性,機能間調整	米国内の140個のSBU	投資収益率	市場志向性に関する最初の実証研究
Jaworski & Kohli (1993)	市場情報の生成,拡散,対応	MSIの1000社 AMAの500社	全般的業績(相対的)	市場志向性と市場の環境を考慮
Kohli, Jaworski & Kumar (1993)	市場情報の生成,拡散,対応	MSIの企業中,222個のSBU	全般的業績(相対的)	Jaworski & Kohli (1993)の研究を発展させた
Deshpande, Farely & Webster (1993)	NS系の3つの次元の統合	東京NIKKEIの50社(小売業)	投資収益率,市場占有率,成長率	組織革新と企業文化との関係
Slater & Narver (1994)	顧客志向性,競争者志向性,機能間調整	Fortune500社中117個のSBU	投資収益率	市場環境の柔軟性を強調
Kwon (1996)	KJ系とNS系の研究の統合	韓国テグにある製造企業341社	最近3年間の輸出成長,収益率	輸出業績と市場志向性に関する研究
Sinkula, Baker & Noordwier (1997)	学習へのコミットメント,ビジョンの共有,思考の開放性	AMAの125社	マーケティングプログラムのダイナミズム	学習志向性に対する理論的枠組みの提供
Noh (1998)	市場情報の生成,拡散,対応	米国の54個のSBU	純投資・純資産・純資本収益率	市場志向性と企業の成果に関する縦断分析
Han, Kim & Srivastava (1998)	顧客志向性,競争者志向性,機能間調整	米国の銀行134社	資産収益率 純所得成長	市場志向性と組織革新との関係
Deshpande & Farely (1998)	KJ系,NS系,DFW系の研究の統合	MSIの27社の実務者82名	NS系,DFW系の変数	KJ系,NS系,DFW系の研究間の相関関係
Lee (1998)	市場情報の生成,拡散,対応	韓国138個短期大学	全般的業績	市場志向性に関する前提要因の探索
Yoo, Kang & Lee (1998)	市場情報の生成,拡散,対応	韓国のホテルと金融会社164社	全般的業績	ホテルと金融機関における市場志向性の応用

研究者	測定変数	標本	従属変数	その他
Baker & Sinkula (1999a)	学習へのコミットメント, ビジョンの共有, 思考の開放性	Dunn & Bradstreet の 250 社	相対的利潤, 売上高, 市場占有率	媒介変数として製品の革新を導入
Baker & Sinkula (1999b)	学習へのコミットメント, ビジョンの共有, 思考の開放性	Dunn & Bradstreet の 250 社	市場占有率の変化, 新商品の業績	市場志向性と学習志向性の比較
Kim, Jeon & Lee (2001)	市場情報の生成, 拡散, 対応	韓国の産業財会社 156 社	信頼, 満足, 好意	市場志向性と市場チャネルとの関係
Matsuno, Mentzer & Ozsomer (2002)	市場情報の生成, 拡散, 対応	米国の製造企業 364 社	MS の成長, 投資収益率, 売上高	起業家志向性と市場志向性との関係
Farrell & Oczkowski (2002)	学習へのコミットメント, ビジョンの共有, 思考の開放性	Dunn & Bradstreet の 250 社の SBU	投資収益率, 売上高の成長率	市場志向性と学習志向性の比較

同時に企業の成果との関係を説明した研究はあまり行われなかったことに注目し, 企業の成果に対する2つの志向性の影響を確認するとともに, 2つの志向性間の構造的な影響関係の分析を試みた。

アメリカの364の製造企業を対象とした実証調査の結果, 起業家的志向性が市場志向性と直接的・間接的に有意な関係にあることが明らかになった。特に, 市場志向性は起業家的志向性と企業の成果の間で媒介役割を果たし, その重要性を強調した(図2-6参照)。これは, 市場志向性が起業家的志向性によって補完される場合, 企業の成果に対してより高い影響力をもつことを意味する (Slater & Narver, 1995)。

以上のレビューにより, 本書においては, 戦略的志向性としての起業家的志向性を Lee, Lee & Pennings (2001), Matsuno, Mentzer & Ozsomer (2002) の研究に基づいて「市場参入に対する企業経営層の認識および特性」と操作的に定義し, 革新性, 危険追求性, 先行性という3つの下位次元を取り上げる。

本章で考察した戦略的志向性に関する既存研究をまとめたのが表2-6である。

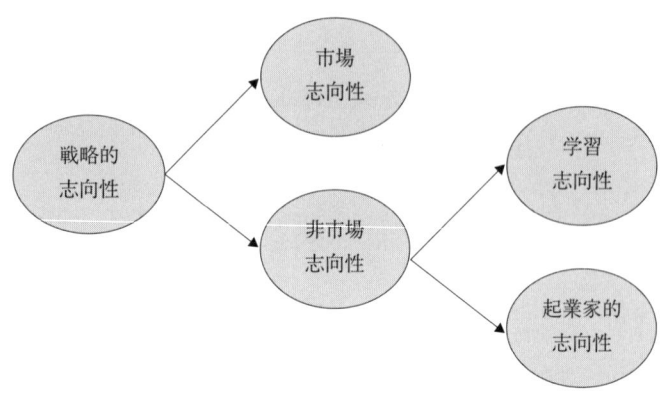

図 2-7　戦略的志向性の下位次元

　以上のように本書では，戦略的志向性を市場志向性，学習志向性，起業家的志向性の3つの次元で措定した(図2-7)。とりわけ，本書では，戦略的志向性を以下の3つの認識から，新商品・サービス開発プロセスの前提条件として取り扱った。第1に，新商品・サービス開発の必要性を認識するためには，常に市場顧客のニーズや興味についての確認が必要であり，その際，市場志向性が求められる。第2に，具体的な新商品・サービス開発においては，製品をより早く効率的に開発する必要があり，その際，学習志向性が求められる。第3に，実際に新商品・サービス開発から高い業績を得るためには，危険を負担しながら先発参入者として市場ポジションを取る必要があり，その際，起業家的志向性が求められる。

(6)　戦略的志向性と企業の成果間の媒介変数としての新商品・サービス開発

　本書では，戦略的志向性と企業の成果間の媒介変数として新商品・サービス開発を取り上げた。その理由としては，前述した3つの認識とともに，戦略実行プロセスモデルから考えることができる。

　Chandler(1962)は，「組織構造は戦略に従う」と主張した。そして，Rumelt(1974)は，戦略と組織構造との関係を検証するために，企業の成果との関連性を検討した。また，Galbraith & Nathanson(1978)は，戦略と組織構造の関係

を解明するためには，多くの努力が必要であると前提しながら，組織と環境との相互作用に焦点を置く状況適合理論にChandlerの主張とRumeltの見解を取り入れた。

岸田(1989)は，Galbraithの研究を評価する際，技術・課業不確実性→戦略→組織構造→企業の成果のように多元的適合へと拡張することができると語った。以上の戦略実行プロセスモデルを整理すると以下のとおりである。

- 戦略→組織（SSモデル）(Chandler, 1962)
- 戦略→組織→成果（SSPモデル）(Rumelt, 1974)
- 環境→戦略→組織→成果（ESSPモデル）(Galbraith & Nathanton, 1978；岸田, 1989)

本書では，研究モデルの理論的・実証的制約を考慮して市場の変化や競争の激しい環境が戦略に直接影響を与えることを前提条件として仮定した上で，戦略→組織→企業の成果（SSPモデル）のモデルを採択し，分析を展開する。

そして，本書では，戦略樹立の方向性を表す戦略的志向性とその下位次元の市場志向性，学習志向性，起業家的志向性の3つの次元を取り上げ，その志向性の影響を受ける組織としては，新商品・サービス開発によって代位される有機的組織の概念を提示する。

この有機的組織に関して，Galbraithは頻繁に水平的コミュニケーションが行われる分権的な組織と定義し，岸田は，環境が不安的で，不確実性が高い場合，有機的組織が必要であると語った。

このように具体的な有機的組織の活動として取り上げた新商品・サービス開発は，組織内に存在する3つの戦略的志向性から引き出される結果物であり，企業の財務的業績に直接に影響を与える影響変数としても理解できる。

マーケティング分野における新商品・サービスの概念は，「他の商品・サービスが今まで行われなかった機能を行う商品・サービス，あるいは既存の形態との質的に違う商品・サービス」として定義される。このような新商品・サービ

スの概念は，内容的に商品革新の概念と密接な関係がある。商品革新というのは，商品の本質自体に大きな変化があるものであり，単純な商品機能の変化とは違いがある。

しかし，本書においての新商品・サービスの概念は，本来の商品革新(radical innovation)と若干の商品・サービスの変化(incremental innovation)を合わせた広義の視点から認識する[3] (Baker & Sinkula, 2002)。

既存研究においても，新商品(サービス)開発と商品(サービス)革新の概念を類似したものとして取り扱っており，その測定項目も併用している(Baker & Sinkula, 1999b；Danneels, 2002)。

従って，本書では，新商品(サービス)開発と商品(サービス)革新を同一の概念として認識した上で，「すべての商品(サービス)に何らかの変化を与え，市場(顧客)に紹介する商品(サービス)であり，その商品(サービス)が顧客によって既存の商品(サービス)と区別される商品(サービス)」として新商品(サービス)を定義する。

Clark & Fujimoto(1991)は，新商品(サービス)は企業における競争の源泉になるため，新商品(サービス)の開発は極めて重要であると指摘した。また，Brown & Eisenhardt(1995)とDanneels(2002)は，市場内での競争が激しい成長産業においては，新商品(サービス)開発に基づく競争優位が特に重要であると述べた。もちろん，成熟産業においても国際競争の視点からみると，激しい競争の局面に接しているので，積極的な新商品(サービス)開発が必要である。

アイディアの発想→アイディアの審査→概念の樹立および試験→マーケティング戦略樹立→事業性の分析→商品開発→市場試験→商品化のプロセスとして説明される新商品(サービス)開発は，常に高い危険を伴う。すなわち，新商品(サービス)開発のための投資が必ずしも成功するという保証はない。また，問題を発生させる根本的原因が確認できないこともあれば，新たな改善策は望ましくない結果を引き起こす可能性もある。

このように完全に新しい商品の開発には，高価な費用と高い危険を伴う。従って，多くの企業の場合，完全に新しい商品の創造という新商品(サービス)開

発より，既存商品の変化や修正を通じて商品開発を行っている。以下では，新商品・サービス開発に関する既存研究をレビューする。

1) Day & Wensley (1988) の研究

　Day & Wensley は，新商品開発による商品差別化が競争優位をもたらし，これが企業の売り上げ・利益・市場占有率などの相対的業績に影響を与えるという研究モデルを提示した。新商品の成功要因に関する既存研究に取り上げられた多くの要因を，企業能力と資源に関わる要因，マーケティング能力と資源に関わる要因，技術能力と資源に関わる要因，商品特性に関わる要因，市場に関わる要因の5つの要因群に分類した。

2) Brown & Eisenhardt (1995) の研究

　Brown & Eisenhardt は，商品開発に関する既存研究をレビューし，次の3つのパターンに分類した。
- 合理的な計画に焦点を当てるものであり，優位性をもつ商品の保有，魅力ある市場への進出，合理的組織の構築を通じた利潤，売上高，市場占有率などの財務的成果を強調する。
- コミュニケーションに焦点を当てるものであり，商品開発と関連した内外部的なコミュニケーションの構築を通じた組織内の管理上の認知的成果を強調する。
- 体系化された問題解決に焦点を当てるものであり，問題解決の過程を通じた商品開発のスピードや生産性の増加などの組織運営上の成功を強調する。

そして，商品開発の成功に影響を与える要因として，プロジェクトチーム，プロジェクトリーダー，最高経営者，供給業者，顧客，財務的成果を提示した。

3) Ottum & Moore (1997) の研究

　Ottum & Moore は，新商品開発を導く重要な要因は多様であるものの，そ

の中でも顧客の欲求を読み取る市場情報プロセスの重要性を強調した。市場情報プロセスと新商品開発との強い相関関係を明らかにし，新商品の成功と失敗における市場情報プロセスの影響を強調した。

4）Gatignon & Xuereb (1997)の研究

Gatignon & Xuerebは，新商品開発に対する独立変数として，戦略的志向性の概念を取り上げ，その下位次元として，顧客志向性，競争志向性，技術的志向性の3つの次元を提示した。

新商品開発による企業の成果における3つの戦略的志向性の影響関係を明らかにするため，393人のマーケティング実務者を対象として実証調査を行った。その結果，3つの戦略的志向性が新商品開発による企業の成果と肯定的な影響関係にあることが明らかになった。

5）Adams, Day & Dougherty (1998)の研究

Adams, Day & Doughertyは，新商品開発における市場情報の重要性を説明しながら，過度な市場情報への強調は新商品開発の失敗を引き起こす可能性があると指摘した。そして，その補完策として学習の必要性を言及した。

しかし，この学習を円滑に行うためには，偏った思考，分離された思考，慣性の3つの障害要因を克服する必要があり，その代案方法として，機能間の円滑なコミュニケーション，経営者の意思・信頼を取り上げた。

上述したように，彼らの見解は本論文での戦略的志向性の下位次元に関連づけて説明することができる。すなわち，市場情報は市場志向性の視点から，学習の必要性や円滑なコミュニケーションは学習志向性の視点から，経営者の意思・信頼は起業家的志向性の視点から理解できる。

6）Danneels (2002)の研究

Danneelsは，商品革新が企業の競争力と相互補完的かつ動態的関係を構築し，企業の発展に寄与すると仮定して実証調査を行った。その結果から，組織が動

態的な環境に対応し生存するためには，自ら持続的な更新が必要であると説明した。そして，その持続的更新における重要な手段として商品革新を取り上げた。すなわち，企業の革新的な新商品は，急激に変化する環境の中で生き残るための核心的要因であると強調した。

　以上のように，新商品・サービス開発は，組織内に存在する戦略的志向性から引き出された結果物と同時に，企業の成果を直接誘導する影響変数(Baker & Sinkula, 1999b)である。多くの既存研究では，この新商品・サービス開発に対する操作的定義や測定項目において主な競争相手と比べた相対的程度を導入している。従って，本書では，新商品・サービス開発を「最近3年間，主な競争相手と比較した新商品・サービス開発の相対的程度」と操作的に定義する。

(7) 結果変数としての企業の成果

　企業の成果とは，戦略目標や市場，企業内外の環境と関連して行われた意思決定の結果とも言える。

　従来の製造企業のみならずホテル産業においては，客観的かつ公正的な成果の測定のため，計量化が可能な財務的業績（成果）を中心に評価項目を設定した。しかし，ホテルの競争力を持続可能にする有形資産よりも，目に見えない無形資産の重要性が増大するにつれ，非財務的業績評価を企業の成果に反映しようとするホテルが増えている。従って，ホテルの経営成果の評価においても財務的成果と非財務的成果を含んだ総合的な視点から評価できるような新しい評価システムが要求されている。そのため，従来の経営成果指標とは異なる新しい評価システム導入および新たな経営成果指標の開発が必要である。

　今日，情報化時代におけるホテル企業は，年4回の四半期報告と年1回の年次財務報告をすることによりコントロールするような環境で，新しいプログラムやマネジメント・プロセスを変革しようとしている。しかし，財務報告プロセスそのものは数十年前に開発された伝統的財務会計モデルのままである。

　一方で情報化時代のホテル企業は，資産と企業の能力を向上させ，ホテル企

業を取り巻く利害関係者との絆や戦略との結びつきも強固なものにしようとする際，相変わらず数十年前の伝統的財務会計モデルを用いている[4]。

　理想的な財務会計モデルは，高品質な商品・サービス，やる気のある熟練した従業員，優れた顧客対応と予測可能な社内のビジネス・プロセスおよびロイヤルティで満足感に満ちた顧客のように，企業の無形資産や知的資産の評価を組み込んで拡大・発展させるべきである。今日の企業には，伝統的な有形資産よりも，こうした無形資産や知的資産のほうが成功のために必要不可欠であるため，このような無形資産や企業能力を評価することが特に有効となる。

　無形資産や企業能力が財務会計モデルでも評価できると仮定すると，これらの資産や能力を増強しようとする企業は，そのことについて従業員，株主，債権者および地域社会ともコミュニケーションできる。

　一方，企業の無形資産や企業能力が枯渇した際，そうした事態が直ちに損益計算書に表示されるようにする。しかし，現実には，新商品の供給ルート，ビジネス・プロセスの能力，従業員のスキル，モチベーション，柔軟性，顧客のロイヤルティ，データーベースなどに関する信頼性の高い財務的評価をすることは非常に難しいことである。従って，財務会計システムは，これらの資産を企業の貸借対照表上に計上しないようにしている。しかし，これらの資産や財産は，企業が将来の競争環境で成功するために欠かすことのできないものである。

　このように，企業の経営成果を測定する際，伝統的な財務的経営成果指標だけではなく，非財務的経営成果指標の必要性が高まる中，Kaplan & Norton (1996)により，Balanced Score Card (以下BSC)という成果測定システムが提示された。

　BSCは，財務的経営成果指標のみを重視した伝統的成果測定システムの欠点を補完した新しい成果測定システムである。長期と短期の目標間，また財務的経営成果指標と非財務的経営成果指標間，先行指標と後行指標間の均衡を成り立てることによって，組織の戦略的潜在力をより正確かつ信頼できるようにした。さらに，BSCの4つの視点(財務的視点，顧客視点，内部ビジネスプロ

セス視点，学習・成長視点)によって組織の戦略とビジョンを可視化し，短期的性格の財務的目標値が企業の長期的価値を創出することができるようにして他の目標とのシナジー効果が起こせるように調整した経営管理ツールともいえる。

1）財務的視点(Financial Perspective)

　財務的経営成果指標は，既にとった行動の経済的効果を即座に要約できる点で便利であり，さらに，企業の戦略の立案と執行が現場の改善に貢献しているかどうかを表す測定尺度の役割を果たしている。財務的目標は，例えば，営業利益率，使用総資本利益率，さらに最近では経済的付加価値という形で評価される利益性と深い関係がある。さらに，売上成長率ないしはキャッシュ・フローの増加なども財務的目標になりうる(Kaplan & Norton, 1996：50)。

　多くの研究者は，財務的経営成果指標は過去志向的であり，現在の価値創造的な行動が反映できず，顧客の満足度や従業員の動機付与において弱点があると主張している。しかし，この財務的経営成果指標は，他の指標と相互補完的かつ均等な関係を維持する際，組織により適合性が高く，強力な成果評価道具になりうる。

　従って，BSCのすべての成果指標は因果関係でつながり，最終的には財務的経営成果指標を高めることが目標である。

2）顧客視点(Customer Perspective)

　BSCの顧客視点では，マネジャーは，顧客および各ビジネス・ユニットが競争する市場セグメントと，目標としている市場セグメントのビジネス・ユニットの業績評価指標を明らかにしている。この顧客視点は，適切に立案し執行した戦略による高い成果を評価するための業績評価指標を備えている。主要な成果の業績評価指標は，顧客満足度，顧客維持，新しい顧客の獲得，顧客の利益性，目標としている市場セグメントの市場占有率および顧客占有率などからなっている。

しかし，この顧客視点は，企業が目標とする市場セグメントの顧客に提供しようとしている，特定の価値提案プログラムを評価する業績評価指標も含んでいなければならない。主要な顧客の成果に関する市場セグメント要因は，顧客がサプライヤーに対してロイヤルティがあるかどうかを決定づける重要成功要因としている。

　例えば，顧客は，市場セグメント要因として，ほかでもない，実は短いリードタイムや納期を重要視しているかも知れない。サプライヤーも顧客ニーズを予期し，これらのニーズを満たすために新商品を開発・導入することができる。顧客視点は，ビジネス・ユニットのマネジャーに，将来において多大の財務的成果をもたらしてくれる顧客志向およびマーケット志向の戦略を明確化させることができる(Kaplan & Norton, 1996：51)。

3）内部ビジネス・プロセス視点(Internal Business Process Perspective)

　内部ビジネス・プロセス視点では，経営トップは，他社に比べて秀でているべき重要なビジネス・プロセスを明らかにしなければならない。このビジネス・プロセスは，ビジネス・ユニットに次のようなことを可能にする。

- ターゲットとする市場セグメントで顧客に魅力を与え，顧客を引きつけておくような価値提案プログラムを明示する。
- 高収益で株主の期待に応える。

　内部ビジネス・プロセスの業績評価指標は，顧客満足度に大きなインパクトを与え，しかも，企業の財務目的を達成するような内部ビジネス・プロセスに焦点を当てている。

　内部ビジネス・プロセスの視点には，次のように業績評価指標について伝統的業績評価とBSCの2つの違いがある。伝統的業績評価システムは，既存のビジネス・プロセスをモニターし，改善しようとする。もちろん，業績評価指標は，財務的業績評価指標のみならず，品質や時間ベースなどの非財務的業績評価指標も利用する。しかし，それでも基本的には既存のビジネス・プロセスの改善に焦点を置いている。これに対しBSCは，顧客のニーズや財務的目標

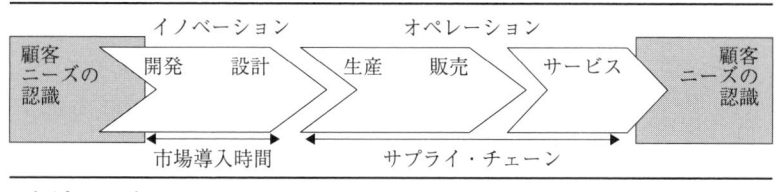

```
         イノベーション              オペレーション
┌──────┐┌────────────────┐┌────────────────────────┐┌──────┐
│顧客  ││ 開発  │ 設計   ││ 生産  │ 販売  │ サービス ││顧客  │
│ニーズの││       │        ││       │       │        ││ニーズの│
│認識  ││       │        ││       │       │        ││認識  │
└──────┘└────────────────┘└────────────────────────┘└──────┘
            市場導入時間         サプライ・チェーン
```

ビジネス・プロセス
　　　　　　　　　イノベーション・プロセス　　オペレーション・プロセス
　　　　　　　　　・商品開発　　　　　　　　　・生産
　　　　　　　　　・商品設計　　　　　　　　　・販売
　　　　　　　　　　　　　　　　　　　　　　　・アフターサービス

出典：Kaplan & Norton (1996), p.53 引用

図 2-8　内部ビジネス・プロセスにおけるバリュー・チェーン

を満たすために、他社よりも秀でなければならないまったく新規のビジネス・プロセスを明らかにする。

　例えば、顧客ニーズを予想したり、顧客の価値を高める目的で新しいサービスを提案するようなビジネス・プロセスを設けなければならない。BSCにおける内部ビジネス・プロセスの視点の目的は、現在は取り組んでいないものの、企業の戦略を成功に導くためにもっとも重要と思われるビジネス・プロセスを強調することである。

　BSCの第2の特徴は、内部ビジネス・プロセス視点にイノベーション・プロセスを取り込んでいることである（図2-8参照）。伝統的業績評価指標システムは、既存の商品を納品したり、既存の顧客にサービスを提供するビジネス・プロセスに焦点を当てている。すなわち、短期的価値創出を提供する既存の業務をコントロールしたり改善したりすることが主眼である。この短期的価値創出は、既存顧客からの既存の商品・サービスの受注から始まり、顧客に商品を納品ないしサービスを提供した時点で終わる。企業は、結局、販売価格より低コストで商品を生産し、納品し、価値を創造している。

　ところが、長期的な財務的成功のパフォーマンス・ドライバーは、企業が既存の顧客のみならず将来の顧客ニーズに合致する新商品・サービスを提供してくれる。イノベーション・プロセスの長期的価値創出は、短期的オペレーティ

ング・サイクルよりも将来の財務的業績に関するもっとも重要なパフォーマンス・ドライバーである。多くの企業にとって，多年度の新商品開発プロセスを適切にマネジメントする能力，および新しいタイプの顧客を獲得する能力を開発することは，既存の業務を能率よく，しかも責任をもってマネジメントすることよりも，将来の経済的業績の向上にとってもっとも重要な成功要因である。

　ところで，マネジャーは，長期的なイノベーション・サイクルか，それとも短期のオペレーティング・サイクルのどちらか一方を選択する必要はない。なぜなら，BSC の内部ビジネス・プロセス視点は，両者の目標と業績評価指標を組み込んでいるからである(Kaplan & Norton, 1996：51-53)。

4）学習・成長視点(Learning & Growth Perspective)

　学習・成長視点は，長期の成長と改善を確保する基盤ないし組織作りを明らかにすることである。顧客視点と内部ビジネス・プロセス視点は，現在と将来の成功にとってもっとも重要な成功要因を明らかにすることである。企業のビジネスは，既存の技術や能力を駆使して顧客や内部ビジネス・プロセスの長期的ターゲットを成就できるほど生やさしいものではない。さらに，グローバルな競争の激化により，顧客や株主に価値を提供する能力を絶えず改善し続けなければならない。

　企業ないし組織の学習と成長は，人間，システム，業務手続きの３つが源泉となっている。BSC における財務的視点，顧客視点および内部ビジネス・プロセス視点は，一つは人間とシステムと業務手続きの既存の能力と，もう一つは現状打破的な業績を成就するために必要な能力とのあいだに生じる大きなギャップを表す。こうしたギャップを埋めるためには，企業は従業員を再訓練し，情報技術やシステムを強化し，組織手続きと定型業務に整合性をもたせることが必要不可欠である。

　これらの目的は，BSC の学習・成長視点で明らかにされる。顧客視点では，従業員に関する業績評価指標は，従業員の満足度，教育訓練，技能などの一般的な成果の業績評価指標からなっている。さらに，顧客視点は，新しい競争環

境下で必要な特定技能に関する詳細なインデックスなどのような，一般的な成果の業績評価指標要因からなっている。

情報システムの能力は，顧客とのあいだや現場で意思決定や行動を起こす従業員に対して，内部情報を正確かつリアルタイムで提供できるかどうかで評価することができる。業務手続きは，従業員のインセンティブが企業全体の成功要因と整合性をもっているかどうかを検討でき，重要な顧客や内部ビジネス・プロセスの改善率で業績評価が可能である(Kaplan & Norton, 1996：53-54)。

5）BSC の視点に関する既存研究の考察

上述のように，BSC は，ビジョンと戦略をバランスのとれた目標や業績評価指標に落とし込むことである。BSC は，希望する成果を将来導くプロセスのみならず，希望する成果の業績評価指標も表すものである。Kaplan & Norton (1996) が提案したあと，多くの企業が導入して実施している。その実施に伴い，その成果に関する研究も行われている。本書では，ホテル企業を研究対象とした既存研究をレビューする。

① Gregory & Bruce (2000) の研究

彼らは，Kaplan & Norton の研究に基づき，White Lodging Service[5]（以下 WLS）社に BSC を導入した。まず，WLS の財務的指標に寄与する原因と結果関係に関する項目を開発した。そしてBSC の 4 つの視点の測定指標を導出した。

BSC を導入してから 2 年間，WLS は多数の指標による経営成果を測定した結果，改善された結果が表れた。それを 4 つの視点に細分して説明すると以下のようになる。

まず，財務的視点では，WLS が運営するホテルはブランド別の平均収益上回，設定した RevPAR 水準の超過，年間設定の130％の RevPAR 成長達成の企業の目的を達成した。また，収益性において，ブランド平均収益性を超過し，株主には財務的回収率を高めることによって企業の目標を達成した。顧客視点において顧客満足は改善されなかったものの，将来の成果測定に対する脅威とし

表2-7　WLSの4つの視点と評価指標

視点	財務的視点	顧客視点	内部ビジネス・プロセス視点	学習・成長視点
評価指標	・年度別収益成長 ・競争目標対比RevPAR ・ブランド平均対比RevPAR ・予算対比営業実績	・顧客満足 ・顧客保有 ・顧客ロイヤルティ ・新規顧客獲得 ・顧客収益性 ・市場占有率	・従業員生産性比率 ・サービス失敗比率 ・ブランド認知度 ・会計及び内部統制	・従業員の成長 ・内部昇進水準 ・従業員満足度 ・教育水準 ・従業員維持

出典：Gregory & Bruce(2000)を基に作成

て認識する必要性から評価され，株主と経営者ともに改善の必要性を認識することができた。

一方，内部ビジネス・プロセス視点は，全般的に有用な結果が表れ，特に，部署間の意思疎通方法，教育方法，経営支援の水準などに関して再認識するきっかけとなり，今後の経営においての重要な手掛かりとなった。

BSCを導入することによって，株主と経営者間の協力を創出させた点以外に，所有者は2つの利点を認識することができた。すなわち，BSCによって企業の否定的要因を見つけることができたこと，ホテルの全体的な情報の把握により，さまざまな経営上の問題に対して迅速に対応することが可能となったことである。

② Kim & Kim (2004)の研究

ホテル経営上の無形資産の重要性を強調し，一般の製造企業，公社，銀行，病院などに導入・活用されるBSCをホテル企業に適用してホテル経営成果の評価を試みた。まず，Kaplan & Nortonの4つの視点を考察し，各視点別の評価指標の選定と加重値を決定した。韓国・ソウル所在の特級ホテル[6]を研究対象として特1級ホテルと特2級ホテルに分けて分析を行った。

その結果，視点別の重要度をみると，特1級ホテルの場合は，財務的視点，顧客視点，学習・成長視点，内部ビジネス・プロセス視点の順となり，特2級ホテルの場合，顧客視点，財務的視点，内部ビジネス・プロセス視点，学習・

成長視点の順となった。全体的に特1級および特2級ホテルは既存の財務的視点以外に，顧客視点を含む非財務視点に多くの比重を置いていることが明らかになった。このような結果は，ホテル経営成果評価が財務的面を中心としたものから非財務的面を中心としたものへ移行する必要性を表したものである。特に非財務的視点の中，顧客視点の重要度が高いことから，顧客維持，顧客ロイヤルティなどに集中する必要性があることを示唆する。

③ Kang(2003)の研究

不確実な環境変化の中，競争力のあるホテル企業となるために，もたなければならない能動的かつ積極的な対応姿勢を明らかにするため，ホテル企業を取り巻く環境，経営戦略，ホテル企業の構造的適合性，企業の成果との構造的関係の研究モデルを構築した。

まず，理論的考察により，適合性，企業の成果などの変数の操作的定義を行った。ホテル経営陣を調査対象とし，配布した180部から150部を回収して分析を行った。その結果から，企業環境，経営戦略，組織構造が一つの構造的結合によって適合性を極大化すると，企業の成果を高めることができると主張した。また，その適合性はホテル企業の非財務的成果にも影響を及ぼし，それが究極的に財務的成果に影響を与えると語った(図2-9参照)。

出典：Kang(2003), p.223引用

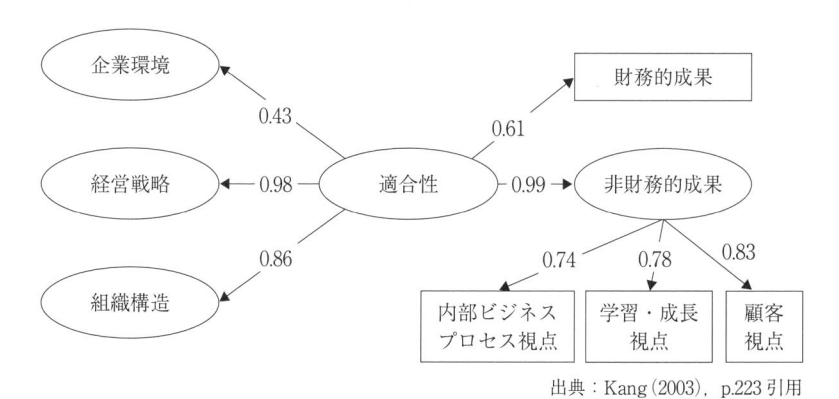

図2-9 Kang(2003)の検証モデル

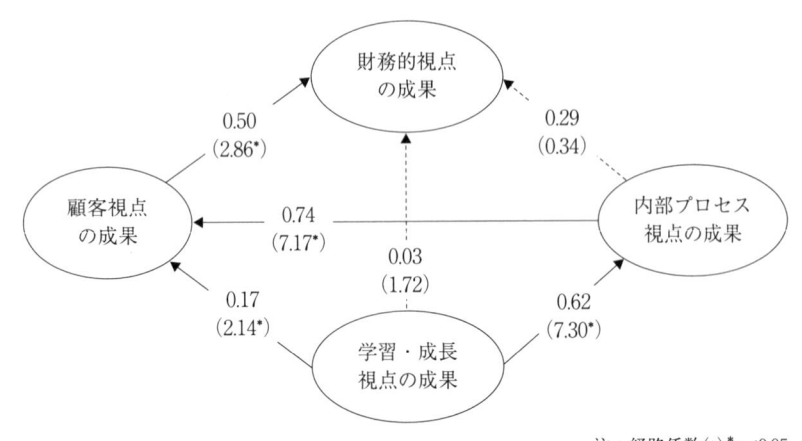

注：経路係数(t)*p<0.05
出典：Park & Park(2004), p.174引用

図 2-10　Park & Park(2004)の検証モデル

④ Park & Park(2004)の研究

彼らは，既存研究の考察により，BSCの4つの視点の関係を検討した上で，観光ホテル企業に適用可能な指標を抽出し実証調査を行い，4つの視点間の因果関係を明らかにした(図2-10参照)。

実証調査は，韓国のホテル企業を対象とし，郵送法を用いて400部を郵送し，130部を回収して分析を行った。その結果，学習・成長視点は，内部・プロセス視点と顧客視点に肯定的な影響を及ぼし，内部・プロセス視点は顧客視点に肯定的な影響を与えることが明らかになった。

また，BSCの評価指標は企業の長期的戦略指標なので，分析にあたっては累積データを用いることが必要であり，今後各視点間の因果関係に関する縦断研究の必要性を提示した。

⑤ Lee(2005)の研究

Leeは，ホテルの4P's Mixによるマーケティング活動が企業の財務的かつ非財務的成果の達成過程に与える影響の把握を試みた。その際，企業の成果と

してBSCの4つの視点を取り上げた。

マーケティング活動による経営成果の達成過程を把握するため，既存研究の考察によって仮説を設定し，実証調査によってその仮説を検証した。実証調査はソウル所在のホテル12社を対象とし，各ホテルに40部の質問紙(480部)を配布し，264部を回収して分析を行った。

その結果，既存のマーケティング・ミックスによる非財務的経営成果の促進は困難であることが明らかになった。また，財務的経営成果と非財務的経営成果間に有意な相関関係が認められ，ホテル経営上においては財務的経営成果のみならず，非財務的経営成果(顧客，内部ビジネス・プロセス，学習・成長)の重要性を認識する必要があると主張した。

⑥ Lee & Jeon (2005) の研究

彼らは，BSCの4つの視点を用いて，ホテル産業におけるサービスの品質成果の測定のため，既存研究のレビューを通じてホテル産業におけるBSCの4つの視点の評価指標を抽出し，4つの視点とサービス品質間の因果関係を検証した。

その結果，BSCの4つの視点とサービス品質間には正の相関関係にあり，各サービス品質別においてBSCの4つの視点の重要度には差があることが明らかになった。さらに，BSC志向的集団が非志向的集団より高いサービス成果を表していることを検証した。

以上の既存研究の考察から，本書での企業の成果を表す指標は，BSCの視点から財務的経営成果指標と非財務的経営成果指標に分けられる。財務的経営成果指標は経営陣の意思決定による経済的成果を最終的に評価する指標であり，売上高増加率，経常利益率，自己資本比率，客室稼働率など多様な指標がある。非財務的経営成果指標は，顧客視点，内部ビジネス・プロセス視点，学習・成長視点に分けられるが，3つの視点とも究極的には財務的経営成果指標を最大化するための下位指標である。

4 本書の研究モデルの構築

(1) ホテル産業における2つの戦略群

　Porter(1980)は,企業が他企業より競争優位を獲得するためには,業界内の自社のポジション(位置)を確認し,それに合わせて2つの基本戦略を選択して集中して行う必要があると主張した。基本的戦略は「コスト・リーダーシップ戦略」か「差別化戦略」に限定される。すなわち,何を製品とするのか,その製品市場でコスト・リーダーシップ戦略と差別化戦略のいずれを採用するのか,採用した戦略(価格や差別化など)をどのように集中していくのかが戦略形成のプロセスである。

　また,業態内でのポジションを「戦略群(strategic group)」の違いで具体的に説明している。戦略群とは,相互に似通った戦略を追求している業界内の企業で組まれるグループのことである。つまり,「同一業界内において,他の企業とは異なる,ある共通の脅威と機会に直面している企業群」とも言える。業界内で戦略群を分ける際の基軸は「戦略次元(strategic dimension)」と呼ばれる。当該産業で重要となる戦略の違いを生み出す軸が戦略次元であり,その戦略次元によって,各企業は複数の戦略群に分けられる。

　戦略次元は業界によって重要度が異なり,戦略次元の例としては,製品ラインの幅,垂直統合度,ブランドの強さ,プロモーションの方法,販売チャネルの違い,価格政策といったマーケティングの要素から,専門化の度合い,品質,コスト上の地位,付加的サービスの相違などさまざまなものが挙げられる(Porter, 1980)。例えば,ホテル業の場合は,宿泊料金帯,付帯施設の相違,ホテルの規模,サービス提供形態などのホテル構成要素が例として挙げられる。従って,既存のホテルの業態がホテル企業の戦略群ともいえる。

　現在,日本のホテル業界は,シティホテルと宿泊特化型ホテルの二極化現象がみられる。さらに,外資系ホテル(大型シティホテルと低価宿泊特化型ホテル)の進出によってその競争はさらに激化している。この激しい競争の中で生き残るために,企業のビジョンを示す経営戦略の重要性は高く認識され,ホテルの

表 2-8　本書における戦略次元

戦略次元	シティホテル		宿泊特化型ホテル
宿泊料金	高	←——→	低
サービス提供形態	フル・サービス	←——→	セルフ・サービス
付帯施設	多	←——→	少
ホテルの規模	大	←——→	小

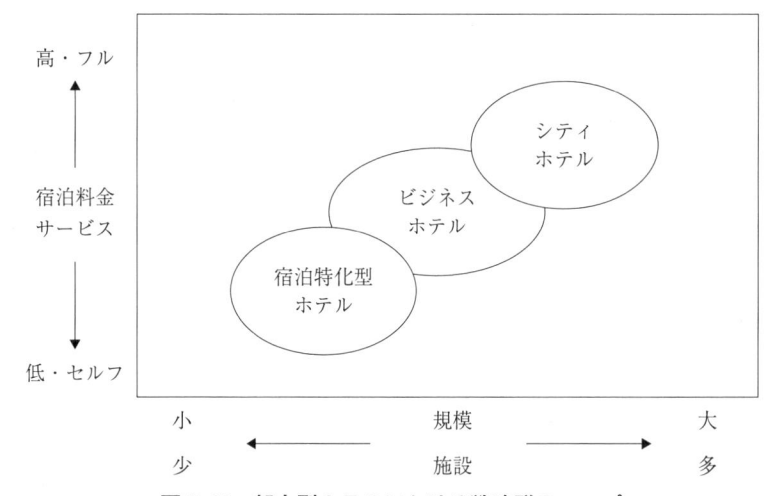

図 2-11　都市型ホテルにおける戦略群のマップ

経営において活発に応用されている。

　本書では，都市型ホテルをシティホテルと宿泊特化型ホテルの2つの戦略群に分けて比較分析を行う。図2-11に表されるようにビジネスホテルは，宿泊特化型ホテルとシティホテルに重なる部分があり，規模，価格面において区別することが困難である。そのため本書では，より明瞭な比較を行うためにシティホテルと宿泊特化型ホテルを比較の対象とした。

(2) 戦略的志向性と新商品・サービス開発，企業の成果との関係

　前述したように，戦略的志向性は企業のマーケティングおよび戦略意思決定の行為における原則を提供し，企業活動と計画の性格や範囲を決定する重要な

基準となる。また，戦略的志向性は，企業が顧客のニーズを理解し，そのニーズに応じた製品やサービスを提供することを可能にするため，競争優位を確保するにあたっての必須的手段となるという（Jaworski & Kohli, 1993）。企業は，このような行為によって顧客を満足させ，高い水準の成果を上げることが可能となる。これは戦略的志向性が企業の成果に肯定的な影響を与えることを意味する。

戦略志向性の概念とその下位次元に対しては，さまざまな研究が行われてきた。本書では，Hult & Ketchen Jr. (2001) に基づいて戦略的志向性を市場志向性と非市場志向性に分けたあと，非市場志向性として学習志向性と起業家的志向性を取り上げた。また，「戦略的志向性」→「企業の成果」のあいだに「新商品・サービス開発」という媒介変数を挿入して3者の関係を明らかにしようとする。

その理由は，以下の3つの認識から説明できる。第1に，新商品・サービス開発の必要性を理解するためには，常に市場における顧客のニーズや興味についての確認が必要であり，その際，市場志向性が求められる。第2に，具体的な新商品・サービス開発においては，製品をより早く効率的に開発する必要があり，その際，学習志向性が求められる。第3に，実際に新商品・サービス開発から高い業績を得るためには，危険を負担しながら先発参入者として市場ポジションを取る必要があり，その際，起業家的志向性が求められる。

本書では，研究モデルの理論的・実証的制約を考慮して市場の変化や競争の激しい環境が戦略に直接影響を与えることを前提条件として仮定した上で，戦略→組織→企業の成果（SSPモデル）のモデルを採択し，分析を試みる。

そして，戦略樹立の方向性を表す戦略的志向性とその下位次元の市場志向性，学習志向性，起業家的志向性の3つの次元を取り上げ，その志向性の影響を受ける組織的活動としては，新商品・サービス開発を取り上げる。

(3) 研究仮説の設定および研究モデルの構築

以上に基づいて，本書の具体的な目的は，戦略的志向性の下位次元の存在を確認した上で，戦略的志向性が企業の成果に及ぼす影響を明らかにし，両者の

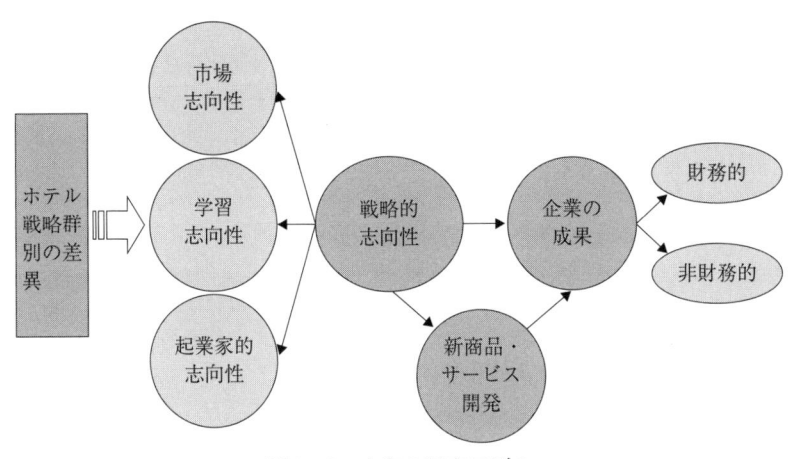

図2-12 本書の研究モデル

媒介変数として「新商品・サービス開発」の役割を検証することである。つまり，戦略的志向性，新商品・サービス開発，企業の成果の3者の構造的関係を明らかにする。さらに，ホテルを戦略群別に分け，それらの違いを分析する。研究の目的を達成するための研究仮説は以下のとおりである。

仮説1　戦略的志向性と新商品・サービス開発のあいだには，肯定的な因果関係がある。

仮説2　戦略的志向性と企業の成果のあいだには，肯定的な因果関係がある。

仮説3　新商品・サービス開発と企業の成果のあいだには，肯定的な因果関係がある。

仮説4　戦略的志向性と企業の成果との因果関係は，ホテル戦略群別に差異がある。

注

1) 10学派は次のとおりである。Design School, Planning School, Positioning School, Entrepreneurial School, Cognitive School, Learning School, Power School, Cultural School, Environmental School, Configuration School である。その詳しい内容は『戦略サファリ』を参照すること(Mintzberg, et al., 1998)。

2）この場合の競争優位性は低価格にではなく，あくまでも低コストにある。この点について，Saloner, Shepard & Podolny（2001）は次のように述べている。「同じ製品・サービスの場合，低コストの企業の方が，競合相手より安い価格で販売し，マーケット・シェアを増やしたり，競合相手と同じ価格で売り，他者よりも多くの利益を得たりできる。低コストのメリットは，価格に反映されることが多いが，競争優位性は低コストにあるのであって，低価格自体にあるのではない」（Saloner, Shepard & Podolny（2001），p.311：邦訳，p.382）。
3）この認識は，本書が実証分析に基づいて構成されることから起因する。すなわち，質問に答えるホテルの人々は，商品（サービス）革新を既存商品（サービス）の多様な改善作業と蓄積によって成り立つものとして認識し，新商品・サービス開発の意味を包括的に捉えているからである。
4）ホテル産業における伝統的な経営成果の測定方法としては比率分析が挙げられる。比率分析とは，財務諸表上の数値を比率に変換させ，その比率の中に含まれている経済的意味を解釈することによって，経営成果および企業の経営状態を診断する方法である。比率分析は，比率のもつ経済的意味によって経営成果関係，運営効率性関係，財務政策関係の3つの領域に分類される。しかし，比率分析は簡単で分かりやすい長所があるものの，過去の会計情報に依存するので未来の予測に限界があり，標準比率の設定が難しいので総合的評価が困難である。このような比率分析の短所を補完するため，ROI分析，指数法など，より総合的な比率分析が用いられている。ROI（Return On Investment）分析とは，企業の経営成果を総合的に表す投資収益率をマージンなどの構成要因別に分けて変動要因あるいは優劣要因を分析する手法である。しかし，企業の効率性を正確に測定可能かどうかの問題や企業で使われている会計処理方法に影響を受けやすい短所を持っている。指数法（Index Method）とは，さまざまな関係比率のなか，いくつかの重要な比率を選定し，その比率の重要度を策定して分析する加重比率総合法（Weighted Ratio Method）であり，比率分析の総合的な観察方法として諸比率を総合・単一化して企業の財務状態や営業実績を判断する方法である。指数法は，作成および評価が容易であり，経営成果および財務状態をより総合的に評価することが可能であるため，広く使われている（Kim & Kim, 2003：pp.119-120）。
5）WLSは1997年BSCを導入する時，ホテルとモテルの38社を経営するMarriott社のフランチャイズとして，当時に設定された会社の目標は，財務的・非財務的に構成されていたが，財務的指標上での経営成果の測定は企業の目標と長期的投資範囲に適合しにくいと認識した。その認識からBSCの原理に基づいてより戦略的な経営成果測定システムを考案した。
6）韓国の場合，ホテル等級審査委員会の審査によってホテル企業は特級ホテル，1級ホテル，2級ホテル，3級ホテルに分類される。特級ホテルは特1級，特2級と分けられる。

第3章

ホテル戦略群別の戦略樹立の方向性

　第3章では，第2章で行った戦略群の分類に基づいて，戦略群別のホテル構成要素と選択属性の重要度の差を検証することによって，ホテル戦略群別の戦略樹立の方向性の差異を明らかにする。

　そのため，ホテル選択行動に関する既存研究を考察し，ホテル構成要素，ホテル選択属性という用語の操作的定義を行った上で，既存研究で用いられた選択属性をカテゴリ化し，ホテル構成要素とホテル選択属性を抽出する。

　抽出されたホテル構成要素，選択属性の重要度を把握するため，コンジョイント分析を用いてホテル経営者と消費者の認識を分析する。

1　ホテル選択行動に関する既存研究

　顧客はなぜ特定のホテルを選ぶのか。これは，ホテル業界の追求する永遠の課題のひとつである。長いあいだ，数多くの研究者によりこの問いへの解明が試みられてきたが，未だに明瞭な答えは出ていない。その原因のひとつとして，従来の性別，年齢，職業，年収などの人口統計的変数による分析では，消費者の購買行動を説明しきれなくなったことが指摘できる。消費者意識の成熟やニーズの多様化によって消費者の購買行動が非常に複雑になっており，同一の年齢層や職業においても消費者の異質化，個性化の傾向が強く，単なる人口統計的な変数による説明のみでは市場の特性と購買行動に対する動機などを究明することに限界が生じるからである（崔，1999）。

　一方，このように多様な消費者のニーズを分析するため，分析方法もさまざ

まな工夫がなされてきた。変数同士の影響関係の分析などによって正確かつ詳細な分析が行われてきた。この多様なニーズの分析結果は，ホテル経営に反映され，マーケティング戦略，あるいは経営戦略の樹立に大きな影響を与えている。

従来のホテル選択行動に関する研究は，消費者側のホテル選択属性の分析によって，客室タイプ，立地条件や距離，付帯施設などの消費者のニーズを把握した研究が大部分であった。一方，経営者側が事業拡張あるいは新業態を開発する際，ホテル構成要素の中で最も重視する要素は何か，または，どのような形態のホテルを開発しようとするのかについて分析した研究は非常に少なかった。つまり，消費者側のホテル選択行動に関する研究は，多くの実績を残したものの，経営者側の視点に立つ研究は極めて少ない。

ホテル企業は企業の成果(利益など)を得るために，必要な戦略を樹立して実行している。その戦略を樹立する際，重要な基準となるのが消費者のニーズの分析である。しかし，消費者のニーズのみならず，自社の状況を把握し，その状況に合わせて経営方針を決める経営者の認識も非常に重要な要因になる。

従って，本章では，ホテル企業の戦略樹立にあたってのホテル選択属性とホテル構成要素に対する消費者と経営者の認識の重要度を把握し，戦略樹立の方向性を提示することを試みる。そのため，本章では，ホテル選択行動に関する既存研究の考察を行い，ホテル選択属性とホテル構成要素を抽出する。それらを用いて，消費者と経営者の認識を把握するために実証調査を行う。

(1) ホテル選択行動に関する諸研究

劉(2002)によると，ホテルにおける選択属性・基準に関連する既存研究は以下の4つに分類される(表3-1参照)。

●選択属性の比較研究(①，③，④，⑤)
●選択属性から主要因の抽出研究(②，⑥，⑨，⑩，⑬)
●選択属性と消費者属性に関する研究(②，⑤，⑥，⑦，⑧，⑨，⑩，⑪，⑬，⑮)
●選択行動としての多属性態度モデル(⑫，⑭)

表 3-1　ホテル選択属性の諸研究

研究者	調査対象者 商用	調査対象者 観光	ホテル選択属性の特徴
① Penner (1975)	●		4つの領域の選好研究
② Lewis (1984a, b, 1985)	●	●	因子分析,重要・特色・決定要因の分析
③ Atkinson (1988)	●	●	顧客満足
④ Cadotte & Turgeon (1988)	●	●	満足と不満足要因
⑤ Knutson (1988)	●	●	最初と再利用際の重要度(ホテルセグメント)
⑥ Wilensky & Buttle (1988)	●	●	因子分析(ベネフィット)
⑦ Mehta & Vera (1990)	●	●	消費者属性(デモグラフィック)
⑧ Ananth et al. (1992)	●	●	消費者属性(デモグラフィック)
⑨ Saleh & Ryan (1992)	●	●	重要・特色・決定要因の分析(Lewisの研究検証)
⑩ McCleary et al. (1993, 1994)	●		因子分析,消費者属性(デモグラフィック)
⑪ Clow et al. (1994)		●	消費者属性(購買状況)
⑫ Buttle & Bok (1996)		●	拡張 Fishbein モデル
⑬ Greathouse et al. (1996)	●	●	消費者属性(デモグラフィック)
⑭ Chan (1998)	●	●	拡張 Fishbein モデル
⑮ McCleary et al. (1998)	●		消費者属性(地理的)

出典:劉(2002),p.53より引用

　これらの研究は,ホテル選択属性をカテゴリ化した研究である。ホテル選択属性は数多く存在し,その中で類似な選択属性が数多く存在する。実証調査を行うためにはその選択属性を類似性によって分類し,カテゴリ化する必要性がある。以下,これらの既存研究の中,代表的な研究をレビューして選択属性のカテゴリ化を行う。

1) Penner (1975) の研究

　ホテル選択行動に関する研究の中で,もっとも古い研究の一つとして,Penner (1975) の研究が挙げられる。彼は,アメリカのボストンとボルティモアに立地する5つのホテルの商用旅行者を調査対象としてアンケート調査を行った。

表 3-2　Pennerのアンケートの構成

区　　分	構成内容
ホテルの外観	5つのホテルとモテルの写真
客室形態	8つの客室のレイアウト
付帯施設	設備とサービスに関する24項目，デザインなどに関する11項目
全体的な雰囲気	雰囲気と環境に関する16項目

　Pennerは，ホテルを選択する際に重視する選択属性を「選好(preferences)」という概念で捉え，5つのホテルの商用旅行者を対象として調査を行った。ホテル属性に対する選好を「ホテルの外観」，「客室形態」，「付帯施設」，「全体的な雰囲気」など4つの領域に分け(表3-2参照)，それぞれ属するホテル選択属性への重要度を評価させた。

　その結果，ホテルの外観に関しては，全体の77%が高層建築より低層のものを選好しており，客室に関してはTwin Doubleより伝統的なSingle Queenベッドの方を選好していることが分かった。また，付帯施設においてはプール，バー，ヘルスクラブなどを選好しており，全体的雰囲気ではスタッフの親切さ，静かさなどの属性を重視することが分かった。ホテル選択属性研究における先駆けとなった初歩的研究といえる。

2) Atkinson (1988)の研究

　Atkinson(1988)は，消費者がホテルを選択する際，重視する決定要因を調査するために，全米の15カ所のDays Innsの顧客を対象とし，顧客満足度に関するアンケート調査を行った。調査票は59項目のホテル選択属性により構成され，6点尺度(1＝全く重視しない，6＝非常に重視する)で測定した。

　その調査では，調査の協力への謝礼の有無によって(調査の協力の謝礼として無料の朝食を提供したケースと，謝礼を提供していないケース)，回答率が大きく異なったことが明らかになった(34%と7%)。

　調査に用いられた59項目の中，38項目が重視されていて，それらの38項目は，「一般的なホテルの状況」，「施設」，「サービス」，「価格と価値の決定要因」，

表 3-3　上位 20 属性の満足度順位

順位	属　　性	順位	属　　性
1	客室の清潔さ	11	サービス・スタッフの礼儀
2	ホテル内の安全性	12	レストラン価格の価値
3	客室の設備状態	13	チェックイン・アウトの迅速さ
4	ベッドの快適さ	14	再訪問時の従業員の歓迎の程度
5	無料駐車場	15	客室の明るさ
6	客室価格の価値	16	一貫したスタッフの態度
7	フロント・スタッフの礼儀	17	客室の広さ
8	タオルの十分さ	18	客室の快適さ
9	従業員の好意	19	滞在後，友人へ推薦する程度
10	立地の利便性	20	全客室のファーストクラスの仕様

出典：Atkinson (1988)，p.14 引用

「特別なアメニティ」,「その他の属性」の 6 つのカテゴリに分類された。

また，チェーンホテルのため，もっとも重要である 20 属性(平均値が 5.1 以上)が抽出され，経営者はそれらの 20 属性に焦点を当ててマーケティング戦略を行うべきであると主張した。

さらに，Atkinson は，全従業員にそれらの 20 属性を熟知させ，顧客満足度を高めるように，インターナル・マーケティングによる顧客維持が可能であると述べた。

3) Cadotte & Turgeon (1988) の研究

Cadotte & Turgeon (1988) は，ホスピタリティ産業によく使われる選択属性の中で，満足要因と不満足要因を調査するために，NRA (National Restaurant Association) と AHMA (American Hotel & Motel Association) の会員のホテル企業の協力を得て，レストランとホテルにおける顧客の満足と不満足要因の調査を行った。

ホテル 260 社の管理者(総支配人，副支配人，オーナーを含む)の回答からの満足と不満足要因の順位は表 3-4 のとおりである。満足要因は,「従業員の協力

程度」,「建物の清潔さ」,「ホテルの規模」,「サービスの品質」,「従業員のサービス知識程度」の順であり,不満足要因は,「客室・飲料・サービスの価格」,「サービスの速さ」,「サービスの品質」,「駐車可能程度」,「従業員のサービス知識程度」の順であった。

表3-4 ホテルの満足と不満足要因の順位比較

要因	満足要因順位	不満足要因順位
客室・飲料・サービスの価格	15	1
サービスの速さ	11	2
駐車可能程度	17	4
宿泊施設の利用可能程度	18	7
チェックアウトタイム	23	8
信用カードの使用可能性	21	10
領収書の正確性	25	11
従業員の協力程度	1	12
ホテルの規模	3	15
立地の利便性	6	23
支配人のサービス知識程度	7	21
サービスの範囲	8	13
施設の特殊性	9	20
建物の清潔さ	2	9
サービスの品質	4	3
従業員のサービス知識程度	5	5
周辺環境の静かさ	10	6
不満に対する反応態度	12	16
サービスの多様性	13	17
施設外観の統一性	14	25
従業員の外見	16	22
営業時間	19	19
広告の品質	20	24
オーバーブッキング	22	18
周辺の交通混雑程度	24	14

出典:Cadotte & Turgeon (1988), p. 48 引用

4）Knutson (1988)の研究

Knutson (1988)は，旅行頻度の高い旅行者(Frequent travelers[1])がホテルを選択する際の重要要因と再利用する際の重要要因を明らかにするため，1,853人のFrequent travelersを対象として3つの主なホテル業態(economy［エコノミー］，middle price［中級］，luxury［高級］)の観光旅行者と商用旅行者に分け，調査を行った。

調査の結果，商用旅行者がホテルを選択する際の重要要因は，「清潔かつ安楽な客室」，「便利な立地」，「安全性と保安性」，「迅速かつ丁寧なサービス」，「親切さおよびホスピタリティ精神」，「客室料金」の6つの要因であり，観光旅行者がホテルを選択する際の重要要因は，「清潔かつ安楽な客室」，「安全性と保安性」，「客室料金」，「迅速かつ丁寧なサービス」，「便利な立地」，「親切さおよびホスピタリティ精神」，「レクリエーション施設」の7つの要因であった。

一方，ホテルを再利用する際の重要要因については，商用旅行者の場合，「清潔かつ安楽な客室」，「便利な立地」，「安全性と保安性」，「迅速かつ丁寧なサービス」，「親切さおよびホスピタリティ精神」，「客室料金」，「従業員からの特別な待遇」の7つの要因であり，観光旅行者の場合，「清潔かつ安楽な客室」，「安全性と保安性」，「客室料金」，「親切さおよびホスピタリティ精神」，「便利な立地」，「迅速かつ丁寧なサービス」，「従業員からの特別な待遇」，「レクリエーション施設」の8つの要因であった。

また，「客室料金」については，商用旅行者より観光旅行者がより重視しており，middle priceやluxuryの商用・観光旅行者よりeconomyの商用・旅行利用者が重視していることが明らかになった。

5）Lewis (1984a, b, 1985)の研究

Lewis (1984a, b)の研究では，57項目のホテル選択属性を決定要因(determinant)，特色要因(salient)，重要要因(important)の3つの側面から分けて調査を行った。決定要因は「立地の利便性」などのホテル選択との密接な関係がある項目，特色要因は「高級なレストラン」などのホテルの特徴的な項目，重要要因は

「セキュリティ」などの一般的に重要な項目によって構成された。アンケート調査は，無作為抽出法で行い，9,300部配布し，1,314部を回収した（回収率14.1%）。因子分析の結果，66項目から17個の因子が抽出された（表3-5参照）。

さらに，決定要因22項目に対する商用旅行者と観光旅行者間の差を検証するため，分散分析（ANOVA）を行った。その結果，20項目については統計的に

表3-5　因子分析の結果[2]

因子名	寄与率	構成変数
サービスの質	6.43%	スタッフの専門性，サービスの迅速さ，全般的サービス水準，サービスの多様性，親切かつ丁寧なサービス
全体評価	5.83%	ホテル運営の良さ，信頼できる質，自分の欲求に対応，気配りの良さ，安楽さ
安全性	5.72%	ホテルの安全性，周辺地域の安全性，客室の安全性，ホテルの防火の安全性
アップスケール・サービス	5.36%	遅い夕食サービス，ルーム・サービス，VIPルーム，優雅な食事，追加サービスの贅沢さ，VIP待遇
F&Bの価格と品質	4.85%	リーズナブルなF&B価格，F&B施設の有効性，食事の質，F&Bの多様性，F&Bサービスの質
美的要素，装飾，雰囲気	4.93%	外装の美観，内装の美観，現代的・同時代的，歴史的・伝統的，客室と浴室に装飾
アメニティ	4.67%	便利性，アメニティ，追加的提供品，全般的な現代的便利性
イメージ	4.50%	ホテルの個性，チェーンの個性，全体的良いイメージ
飲料の品質	4.02%	ワインリストの品質，飲料の品質，ロビーカクテルの提供状態
客室と浴室の状態	3.56%	客室と浴室の物理的状態，客室と浴室の清潔さ
ヘルス施設	3.56%	サウナ・蒸風呂等，年中利用可能なプール
評判	3.30%	ホテル・チェーンの名声，良い評判
静粛	3.24%	ホテルの静粛，周辺地域の静粛
客室属性	2.98%	TV・ラジオの質，安楽なベッド，客室・ベッドのサイズ
予約とフロント・デスク	2.65%	予約システムの便利性，予約システムの信頼性，チェックイン・アウト
価格と価値	2.71%	価格と価値，実際の価格
立地	2.19%	他の地域への接近性

出典：Lewis（1984a, b），p.69引用

有意な差が認められ，商用旅行者より観光旅行者の重要度が高いことが明らかになった[3]。

　Lewis(1984a, b)の研究に続き，Lewis(1985)の研究では，Lewis(1984a, b)の研究から抽出された17個の因子のうち，「全体評価」を従属変数，他の因子を独立変数として重回帰分析を行った。その分析から得られたベータ値を標準化させ，商用旅行者と観光旅行者のそれぞれの優先順位を明らかにした。

　その結果，商用旅行者の場合は，「サービスの質」，「セキュリティ」，「静粛」，「予約とフロント・デスク」，「客室と浴室の状態」の順であり，観光旅行者の場合は，「静粛」，「セキュリティ」，「イメージ」，「客室と浴室の状態」，「価格と価値」の順であった[4]。

6）Wilensky & Buttle(1988)の研究

　Wilensky & Buttle(1988)は，選択属性に対する顧客の重要度だけでは，ホテル選択行動を的確に説明することが困難であると指摘しながら，選択属性のうち，もっとも重視されるベネフィットを見つけ出すことが重要であると述べた。

　彼らは，ロンドンのHoliday Innの協力を得て，宿泊者にアンケート調査を行った。分析は2段階に分けて行った。

　第1段階として，ホテル選択属性の40項目に対して6点尺度（1＝全く重要ではない，6＝非常に重要である）で測定し，因子分析を行い，「リラクゼーション」，「バリュー」，「パーソナル・サービス」，「物理的魅力」，「魅力的なイメージ」，「サービスの水準」，「ビジネス対応」の7つの因子を抽出した（表3-6参照）。

　第2段階として，前段階で抽出した7つの因子（ベネフィット）を用いてHeathrow空港近郊にある競合ホテル7社[5]の顧客に対して，各因子の水準を5点尺度（良い―悪い）で測定し，各ホテル間の競合状況を分析した。7社のホテルごとに7つのベネフィットの評価得点[6]を求め，多次元尺度構成法やクラスター分析[7]を行った結果，Holiday Innは2つのSheratonホテル（Sheraton Skyline, Sheraton Heathrow）と競合関係にあることが明らかになった。

表 3-6 ホテル選択属性の因子分析結果

因子名	寄与率	属性
リラクゼーション	11%	サウナ，スチームバス，ジム，スポーツ施設，ビデオチャンネル，アメニティ，子供向けのエンターテイメント，ホテルのエンターテイメント
バリュー	7%	価格とバリュー，実際の客室料金，料金割引・販促促進
パーソナル・サービス	7%	スタッフの好意的な態度，フロントのサービス態度，客室と浴室の清潔さ，迅速なチェックイン・アウト，信頼できる予約システム
物理的魅力	7%	インテリア，客室と浴室の装飾と備品，客室と浴室のサイズ
魅力的なイメージ	6%	ホテルの個性，ホテルの評判
サービスの水準	6%	ホテルと客室のセキュリティ，便利品（ドライヤー，スーツプレス），サービス（メッセージ，ポーター，ランドリー）
ビジネス対応	5%	会議施設とビジネスセンター，コンファレンス施設

出典：Wilensky & Buttle (1988)，p.33引用

　この研究は，調査対象者がHoliday Innの顧客のみであることやサンプルの数が少ないなどの限界があるものの，ベネフィットごとにホテル顧客が細分化されることが明らかになった。

7）Mehta & Vera (1990)の研究

　Mehta & Vera (1990)は，市場細分化に有効な変数を明らかにするため，26項目のホテル選択属性について訪問目的，国籍，収入による重要度の差や評価の差の検証を試みた。用いられた26項目のホテル選択属性のうち，「清潔」，「安全」，「サービスの質」，「立地」などが高く評価されている一方，「テニス・コート」，「レストランやバーの多様性」，「客室と食飲の低価格」はあまり高く評価されなかった（表3-7参照）。

8）Saleh & Ryan (1992)の研究

　Saleh & Ryan (1992)は，ホテル選択属性30項目を5点尺度（1＝あまり重要ではない，5＝非常に重要である）で測定して，主成分分析を行った。その結果，「core product」，「ancillary product」，「augmented product」，「convivial aspect

表3-7 ホテル選択属性の重要度の順位

属性	平均値	属性	平均値
1. 客室などの清潔さ	4.72	14. 評判とイメージ	3.95
2. ホテルの安全性	4.62	15. ホテルレベルのアピール	3.92
3. 全般的なサービスの質	4.51	16. 浴室のサイズ	3.82
4. 立地の利便性	4.50	17. 電話サービス	3.73
5. チェックインサービス	4.39	18. 飲食の低価格	3.36
6. 客室の家具と装飾の品質	4.31	19. プール	3.25
7. 予約の容易さ	4.30	20. 客室の低価格	3.23
8. ハウスキーピング・洗濯	4.26	21. レストランやバーの多様性	3.18
9. ホテルの家具と装飾	4.20	22. ビジネスセンター	2.90
10. 客室のサイズ	4.14	23. エンターテイメント	2.67
11. 浴室の装飾	4.13	24. ジム施設	2.48
12. 飲料サービス	4.12	25. バンケット・宴会施設	2.24
13. 建物の美的要素	3.97	26. テニス・コート	2.03

出典：Mehta & Vera (1990), p.83 引用

of hotel service」の4つの成分を抽出した（表3-8）。

また，旅行の頻度が高い顧客は，第4成分のホテルサービスを重視しており，女性の場合は，第2成分をあまり重視していないことが明らかになった。

さらに，ホテル選択属性と「収入」，「滞在期間」，「宿泊目的」とのクロス集計を

表3-8 主成分分析の結果

因子名	寄与率	属性
core product（第1成分）	26.8%	快適なベッド，便利な立地，レストラン，清潔な客室，静粛な滞在，安全なホテル，morning call，照明，全般的価値
ancillary product（第2成分）	12%	プール，バー，パレット・パーキング，スポーツ設備，洗濯サービス，テナントの多様性，サウナ
augmented product（第3成分）	5%	清潔な従業員，評判・イメージ，装飾，スポーツ施設，便利な駐車場，顧客のニーズ，好意的な従業員，食事の価値
convivial aspect of hotel service（第4成分）	5%	ルームサービス，迅速なサービス，個人的配慮，専門性

出典：Saleh & Ryan (1992), p.167 引用

行った結果,「迅速なサービス」に対して低所得者より高所得者が高く評価していることがわかった。

「快適なベッド」に対しては，短期滞在の顧客より長期滞在の顧客が,「便利な駐車場」に対しては観光旅行者より商用旅行者が高く評価していることが明らかになった(有意水準1％)。

9) McCleary, Weaver & Lan (1994)の研究

McCleary et al. (1994)は，デモグラフィック特性の中で，性別によるホテル選択属性の比較研究を行った。53項目のホテル選択属性から12個の因子が抽出され,「ビジネス・サービスや設備」,「安全の設備」,「パーソナル・サービス」,「低価格」の4つの因子について性別による重要度の差が明らかになった。

また，客室・浴室の設備やアメニティの使用頻度については,「電話・ファクス」については男性の頻度が高く,「ヘア・ドライヤー」,「アイロンとアイロン・ポート」,「ルームサービス」,「浴衣」は女性の頻度が高かった。さらに，女性は,「客室の鍵」,「peephole：ドアののぞき穴」,「監視カメラ」,「廊下・駐車場の照明」,「ルームサービス」,「価格」などの選択属性を重視していることから，身の安全性や個人的なサービスを求めていることが明らかになった。

10) Chu & Choi (2000)の研究

Chu & Choi (2000)は，ホテル選択属性33項目を用いて7点尺度(1＝全く重要ではない，7＝非常に重要である)で測定した。選択属性に対する因子分析の結果,「サービス・クォリティ」,「ビジネス施設」,「価値」,「ルーム・フロント」,「フード・レクリエーション」,「安全性」の6つの因子が抽出された。

また，商用顧客とレジャー顧客に分け，抽出された因子に対する重要度を分析した結果，両方とも「サービス・クォリティ」の重要度がもっとも高かった。

11) Dolnicar & Otter (2003)の研究

Dolnicar & Otter (2003)は，1984〜2000年のあいだに発表されたホスピタリ

ティ、観光関連のジャーナル[8])のうちの21編の論文をレビューし、173個の選択属性を抽出した。さらに、抽出した選択属性を「イメージ」、「サービス」、「価格・価値」、「ホテル」、「ルーム」、「F&B」、「安全性・その他」の7つのカテゴリに分類した。

(2) ホテル構成要素およびホテル選択属性の操作的定義

上述したように、ホテル選択属性に関するさまざまな研究の傾向を整理すると、「選択属性の認識」と「選択属性探求」などの消費者側の意思決定プロセスに関する研究が多いことが分かる。ホテル経営者にとって、他のホテルに対する競争優位のために、市場分析に注目して消費者側の選択属性を把握することは重要であるが、重視されている選択属性のすべてをホテル経営に適用することはできない。なぜならば、ホテル内部の問題(例えば、経営者の経営マインドとの乖離、資金問題など)のため、すべての選択属性を適用することには膨大な投資が必要となるからである。

特定のニーズをもった顧客が最終的にホテルを選択するまでは、さまざまな要因に影響を受けることになる。ホテル選択に影響を与える要因とは、品質、価格などホテル商品と直接関係のあるものから、社会、文化などの個人を取り巻く環境や態度、信念、価値などの個人の内面的状況など、あらゆるところから影響を受けながら選択行動を行っていると考えられる。

ある銘柄の評価を決める際、重要だと思う銘柄について消費者がもっている認識の状態を選択属性(choice attribute)・選択基準(choice criterion)という。消費者(需要側)がある銘柄の属性を重視するのは、その属性が購買動機に関係しているからであり、この銘柄が属するプロダクト・クラスが購買動機を満足させる潜在力をもっているからである。「属性(attribute)」とは、さまざまな競争商品を比較する基準であり、「選択属性(choice attribute)」とは、消費者の意思決定過程の中で、情報探索を通して集めた情報を比較することに用いられて最終的に銘柄を決定する基準である。このように選好と購買意思決定にもっとも密接的かつ直接的に関連している属性を「決定属性(determinant attributes)」といい、

効果的なマーケティング戦略を樹立するためには優先的に決定属性についての把握が必要である。

上記のホテル選択行動に関する諸研究は，消費者のニーズ分析に基づいた研究である。ホテル経営においては，消費者側の選好分析も重要であるものの，経営者はどのように自社の強みと弱みを把握してどの要素（資源）を重視しながら事業を展開していくべきか，ということを決定することも重要である。

「ホテルの構成要素」と「ホテルの選択属性」は概念的に類似なものであるが，本書では，経営者側からみるホテルの選択属性を「ホテルの構成要素」と読み替えて以下のように操作的に定義する。

- ●ホテルの構成要素：ひとつのホテルとして機能するために欠かせないもの。例えば，立地，施設，サービス，価格，従業員などである。
- ●ホテルの選択属性：ホテルが提供する個々のサービスを属性といい，ホテルの選択に影響を与える要因である。例えば，立地，サービスの質，価格，イメージなどである。

(3) ホテル構成要素およびホテル選択属性の抽出

ホテル選択行動に関する研究は，ホテル産業に関する従来の研究の大きな部分を占め，現在でも重要なテーマのひとつである。従来の研究に用いられたホテル選択属性は多数存在するため，もっとも重視される選択属性を把握するためいくつかのカテゴリに集約する必要がある。

前述したように，劉（2002）によると，ホテル選択属性・基準に関連する研究は，大きく「選択属性の比較研究」，「選択属性から主要因の抽出研究」，「選択属性と消費者属性に関する研究」，「選択行動としての多属性態度モデル」の4つに分類される。その分類のなかで，「選択属性の比較研究」と「選択属性から主要因の抽出研究」の分類は選択属性をカテゴリ化した研究である（表3-1参照）。

Chu & Choi（2000）は，ホテル選択属性を「サービス・クォリティ」，「ビジネス施設」，「価値」，「ルーム・フロント」，「フード・レクリエーション」，「安全性」

の6つのカテゴリにまとめた。

また，Dolnicar & Otter (2003)は，1984～2000年のあいだに発表された21編の論文をレビューし，173個の選択属性を抽出した。さらに，抽出した選択属性を「イメージ」，「サービス」，「価格・価値」，「ホテル」，「ルーム」，「F&B」，「安全性・その他」の7つのカテゴリに分類した。

本書では，上記の研究を含む諸研究をレビューした結果，ホテル選択属性を表3-9のようにカテゴリ化した。そのカテゴリに修正を加えた上で，実証研究に必要な変数を操作・抽出した。経営者がホテルを開業する際，あるいは消費者がホテルを選択する際の規定要因は表3-10のとおりである。

例えば，「客室内設備」は「価格・価値」の項目に含まれることから省略し，「安全性・イメージ」はブランド・名声や口コミなどに表現されるので「情報入手手段」に名称を変更した。

また，ホテル構成要素においては，消費者側の規定要因である「情報入手手段」の代わりに「事業展開方式」，「ホテルの規模」を加えた。従って，本書で用いるカテゴリ化したホテル選択属性およびホテル構成要素はそれぞれ5つと6つであり，個々の属性（要素）に対して2個あるいは3個の属性水準を抽出した。

表3-9 ホテル選択属性のカテゴリ化

研究者 \ カテゴリ	従業員・サービス	客室内設備	価格・価値	付帯施設	立地・建物外観	安全性・イメージ
Penner (1975)	●	●	−	●	●	−
Atkinson (1988)	●	●	●	●	●	●
Cadotte & Turgeon (1988)	●	−	●	●	●	−
Knutson (1988)	●	●	●	●	●	●
Lewis (1984a, b, 1985)	●	●	●	●	●	●
Wilensky & Buttle (1988)	●	●	●	●	−	●
Mehta & Vera (1990)	●	●	●	●	●	●
Saleh & Ryan (1992)	●	●	−	●	●	●
McCleary et al. (1994)	●	●	−	●	●	●
Chu & Choi (2000)	●	●	●	●	−	●

表3-10 経営者側と消費者側の規定要因の比較

ホテル構成要素の経営者側の規定要因		ホテル選択属性の消費者側の規定要因	
属性	属性水準	属性	属性水準
立地	都市 リゾート	立地	交通の便が良い 買い物に便利
雇用形態	正社員＜非正社員 正社員＝非正社員 正社員＞非正社員	サービス提供形態	セルフ・サービス フル・サービス
1泊宿泊料金帯	低廉 ミドル 高級	1泊宿泊料金帯	1万円未満 1万～2万円未満 2万円以上
付帯施設	全施設 レストランのみ なし	付帯施設	全施設 飲食施設のみ なし
事業展開方式	直営 FC MC	情報入手手段	ブランド・名声 口コミ メディア広告
ホテルの規模	100～199室 200～299室 300室以上	−	−

2　ホテル構成要素に対する経営者の認識

　ホテル構成要素に対する経営者の認識を把握するため，ホテル経営者あるいは経営幹部を対象として実証調査を行った。本書で用いるホテル構成要素は6つであり（表3-10参照），分析方法は選好分析，あるいは重要度分析によく使われるコンジョイント分析を用いた。

(1)　調査の設計
1) コンジョイント分析

　コンジョイント分析とは，各個別属性の組合せである商品やサービスのプロファイルに対する応答者の認識を評価することによって，個々の属性に対する相対的重要度を数値的に把握して，どの商品が好まれるのか，またどの要因が選好の判断に影響を及ぼしたのかを解析する手法である(Green & Srinivasan,

1978)。また，現在の自社の商品に対する評価のみならず新商品開発に有効な分析手法であり，新商品開発や予測，市場細分化，価格決定，競争分析などについて有用な情報を提供する。

　コンジョイント分析は主にマーケティング分野で使われてきた。ホテル業に関する先行研究の例は少ないが，Marriott社が新しいブランドとして「Courtyard」を開発したことが代表的なコンジョイント分析の適用例である。Wind et al.(1989)によるこの研究では，「外部環境」，「客室」，「F&Bサービス」，「ラウンジ施設」，「サービス」，「余暇施設」，「安全要素」の7つの属性が分析に用いられた。その結果，「客室」と「外部環境」がもっとも重要な属性であることが明らかになった。また，Lewis et al.(1991)のホテルの週末パッケージ商品の選択属性に関する研究では，相対的に価格の重要度が高く，アメニティの重要度は低かった。Hu & Hiemstra(1996)は，ミーティング・プランナーが選好するホテル選択属性の把握のため，7つの属性と4つあるいは2つの属性水準を用いて調査した。その結果，客室の価格の重要度がもっとも高いことが分かった。

2）調査の概要

　本調査は，ホテル構成要素に対するホテル経営者の認識を把握するため，コンジョイント分析を用いた。コンジョイント分析を行うためには，事前に属性と属性水準を決めなければならない。ホテル構成要素を属性とし，また既存研究とホテルの専門家(ホテル経営者および経営幹部，専門の研究者など)の助言を得て，6個の属性と個々の属性に対して2個あるいは3個の属性水準を抽出した(表3-11参照)。抽出した6個の属性と17個の属性水準は，SPSSの統計プログラムの直交計画(Fractional Factorial design)を用いて20個のプロファイル(2個のHold-outプロファイルを含む)を作成した。

　本調査はホテル経営者を対象として2004年7月6日から20日にかけて実施し，送付した760部のうち130部を回収した(回収率17%，有効サンプル128部)。20個のプロファイルを提示して選好順によって1位から20位までの順位を記入してもらう方法(6つの属性と2〜3個の属性水準により構成された20個のプロ

表 3-11 属性(ホテルの構成要素)と属性水準

属性	属性の説明	属性水準
立地	立地の条件	都市 リゾート
雇用形態	正社員と非正社員の割合	正社員<非正社員 正社員=非正社員 正社員>非正社員
1泊宿泊料金帯	割引なしの宿泊料金帯	低廉 ミドル 高級
付帯施設	客室以外のホテル内に設けられている施設	全施設 飲食施設のみ なし
事業展開方式	ホテル事業を拡張する際,ホテルの経営方式	直営 FC MC
ホテルの規模	ホテルの保有している客室数	100〜199室 200〜299室 300室以上

表 3-12 調査の概要

- 調査目的:ホテル構成要素についてのホテル経営者の認識の把握
- 調査対象:ホテル経営者(支配人および経営幹部)
- 調査期間:2004.7.6〜2004.7.20
- 回収サンプル:760部配布,130部回収
  (回収率17%,有効サンプル128部)
- 分析方法:コンジョイント分析

ファイルの順位付けは非常に難しい作業であるが,本調査の分析に必要な最低限の数は20個である)を用いた。

(2) ホテル構成要素の重要度と業態別の差異
1) 人口統計的特性

回収したホテルの概要をみると,ホテルの業態は「都市型」がもっとも多く,次いで「ビジネス型」,「リゾート型」,「宿泊特化型」の順であった。規模面では,

表3-13 人口統計的特性（N=128）

変数名	項目	度数	%	変数名	項目	度数	%
ホテル業態	都市型	47	36.7	性別	男	114	89.1
	リゾート型	28	21.9		女	14	10.9
	ビジネス型	39	30.5	年齢	30歳以下	5	3.9
	宿泊特化型	14	10.9		31-40歳	17	13.3
ホテル規模	100室以下	28	21.9		41-50歳	51	39.8
	101-199室	34	26.6		51-60歳	48	37.5
	200-299室	24	18.8		61歳以上	7	5.5
	300室以上	42	32.8	最終学歴	高校	21	16.4
経営形態	直営	99	77.3		専門学校・短期大学	17	13.3
	FC	19	14.8		大学・大学院	90	70.3
	MC	10	7.8	業界での経験年数	10年以下	24	18.8
顧客層	商用	44	34.4		11-15年	13	10.2
	観光	27	21.1		16-20年	21	16.4
	兼観光	57	44.5		21-25年	30	23.4
従業員の割合	正社員＞非正社員	62	48.4		26年以上	40	31.3
	正社員＝非正社員	13	10.2	職位	支配人	64	50.0
	正社員＜非正社員	53	41.4		中間幹部	44	34.4
					N/A	20	15.6

「300室以上」がもっとも多く，経営形態は「直営」が多かった。また，顧客層は「兼観光」がもっとも多く，従業員の割合は「正社員＞非正社員」が多かった。

回答者の人口統計的特性をみると，性別は「男性」が圧倒的に多く，年齢は「41～50歳」，「51～60歳」の順である。最終学歴は「大学・大学院」がもっとも多く，経験年数は「26年以上」，「21～25年」，「10年以下」の順となった。地位は「支配人」が50.0％，「中間幹部」が34.4％であり，「未記入」が15.6％であった。

2）ホテルの構成要素の相対的重要度と属性水準別の効用値

表3-14のコンジョイント分析結果の中で，各属性の重要度と属性別の属性水準の効用値をみると，属性の重要度は「立地」が35.03％でもっとも高く，「付帯施設」（20.07％），「事業展開方式」（14.07％），「雇用形態」（13.45％），「宿泊料金」

(11.02％)、「ホテル規模」(6.36％)の順となっている。

　属性水準別の効用値をみると、「立地」では"都市"が1.6309で選好されている。次いで「付帯施設」では"レストランのみ"、「宿泊料金」では"高級"、「事業展開方式」では"直営"、「雇用形態」では"正社員＜非正社員"、「ホテル規模」では"200～299室"が選好されている。

　Pearson's R、Kendall's tau 値が、それぞれ 0.993、0.961 であり、このコンジョイント分析の説明力は高いといえる。また、両方とも5％の有意水準下で有意である(0.00 ＜ 0.05)。

　表3-14に基づいたホテル構成要素のプロファイルに対する効用値の合計の順位は表3-15のとおりである。効用値の合計がもっとも高いホテル構成要素

表3-14　ホテルの構成要素の属性の重要度と属性水準別の効用値

属性と属性水準		重要度	効用値
立地	都市	35.03％	1.6309
	リゾート		－1.6309
付帯施設	全施設	20.07％	0.2799
	レストランのみ		0.7943
	なし		－1.0742
宿泊料金	低廉	11.02％	－0.5443
	ミドル		0.0625
	高級		0.4818
事業展開方式	直営	14.07％	0.8255
	FC		－0.4844
	MC		－0.3411
雇用形態	正社員＜非正社員	13.45％	0.7721
	正社員＝非正社員		－0.2917
	正社員＞非正社員		－0.4805
ホテル規模	100～199室	6.36％	－0.3229
	200～299室		0.2695
	300室以上		0.0534
Pearson's R	0.993	有意水準	0.000
Kendall's tau	0.961	有意水準	0.000

表 3-15 ホテル構成要素のプロファイルに対する効用値

番号	立地条件	付帯施設	1泊宿泊料金帯	事業展開方式	雇用形態	ホテルの規模	順位
1	都市	なし	ミドル	FC	正社員＜非正社員	300室以上	10
	1.6309	－1.0742	0.0625	－0.4844	0.7721	0.0534	0.9603
2	都市	全施設	ミドル	直営	正社員＜非正社員	100～199室	2
	1.6309	0.2799	0.0625	0.8255	0.7721	－0.3229	3.248
3	都市	レストランのみ	低廉	MC	正社員＜非正社員	300室以上	3
	1.6309	0.7943	－0.5443	－0.3411	0.7721	0.0534	2.3653
4	都市	レストランのみ	高級	直営	正社員＜非正社員	200～299室	1
	1.6309	0.7943	0.4818	0.8255	0.7721	0.2695	4.7741
5	都市	レストランのみ	ミドル	MC	正社員＞非正社員	100～199室	7
	1.6309	0.7943	0.0625	－0.3411	－0.4805	－0.3229	1.3432
6	リゾート	レストランのみ	ミドル	直営	正社員＝非正社員	300室以上	14
	－1.6309	0.7943	0.0625	0.8255	－0.2917	0.0534	－0.187
7	リゾート	全施設	低廉	直営	正社員＞非正社員	300室以上	17
	－1.6309	0.2799	－0.5443	0.8255	－0.4805	0.0534	－1.497
8	都市	レストランのみ	低廉	FC	正社員＝非正社員	200～299室	6
	1.6309	0.7943	－0.5443	－0.4844	－0.2917	0.2695	1.3743
9	都市	全施設	高級	FC	正社員＝非正社員	300室以上	5
	1.6309	0.2799	0.4818	－0.4844	－0.2917	0.0534	1.6699
10	リゾート	なし	低廉	FC	正社員＞非正社員	100～199室	20
	－1.6309	－1.0742	－0.5443	－0.4844	－0.4805	－0.3229	－4.537
11	リゾート	全施設	高級	MC	正社員＜非正社員	200～299室	13
	－1.6309	0.2799	0.4818	－0.3411	0.7721	0.2695	－0.169
12	リゾート	レストランのみ	高級	FC	正社員＜非正社員	100～199室	15
	－1.6309	0.7943	0.4818	－0.4844	0.7721	－0.3229	－0.39
13	都市	なし	低廉	直営	正社員＜非正社員	200～299室	4
	1.6309	－1.0742	－0.5443	0.8255	0.7721	0.2695	1.8795
14	リゾート	なし	ミドル	MC	正社員＝非正社員	200～299室	19
	－1.6309	－1.0742	0.0625	－0.3411	－0.2917	0.2695	－3.006
15	都市	なし	高級	MC	正社員＝非正社員	300室以上	11
	1.6309	－1.0742	0.4818	－0.3411	－0.2917	0.0534	0.4591
16	都市	全施設	ミドル	FC	正社員＞非正社員	200～299室	8
	1.6309	0.2799	0.0625	－0.4844	－0.4805	0.2695	1.2779
17	都市	全施設	低廉	MC	正社員＝非正社員	100～199室	12
	1.6309	0.2799	－0.5443	－0.3411	－0.2917	－0.3229	0.4108
18	都市	なし	高級	直営	正社員＝非正社員	100～199室	9
	1.6309	－1.0742	0.4818	0.8255	－0.2917	－0.3229	1.2494
19	リゾート	全施設	高級	FC	正社員＞非正社員	100～199室	18
	－1.6309	0.2799	0.4818	－0.4844	－0.4805	－0.3229	－2.157
20	リゾート	なし	高級	直営	正社員＜非正社員	300室以上	16
	－1.6309	－1.0742	0.4818	0.8255	0.7721	0.0534	－0.572

の組合せ(プロファイル番号4)は都市(1.6309)に立地し,付帯施設はレストランのみ(0.7943)を設けて,宿泊料金は高級(0.4818)であり,事業展開方式は直営方式(0.8255)を取って,正社員より非正社員の割合が高く(0.7721),客室200〜299室(0.2695)をもつホテルである。

$$(U = 1.6309 + 0.7943 + 0.4818 + 0.8255 + 0.7721 + 0.2695 = 4.7741)$$

例えば,上記のプロファイルで,立地条件がリゾートの場合は1.5123となって効用値の合計が落ち,事業展開方式がFC,MCの場合もそれぞれ3.4642,3.6705となる。他にも属性水準が変わることによって,効用値の合計が落ちることが分かる。

従って,各属性水準の効用値の合計によってホテル経営者が選好するホテル構成要素の組合せを推測することができる。すなわち,直営方式の都市に位置する客室200〜299室の規模で,宿泊料金帯は高級であり,正社員より非正社員の割合が高く,レストランのみ設けているホテルである。

3) 業態別ホテル構成要素の重要度

表3-16は得られたサンプルを業態別[9]に分け,それぞれのホテル構成要素

表3-16 業態別ホテル構成要素の重要度

	都市型	リゾート型	ビジネス型	宿泊特化型
立地	**31.84%**	19.61%	**44.51%**	2.13%
付帯施設	15.18%	31.63%	14.03%	**41.42%**
宿泊料金	16.48%	**37.87%**	13.48%	4.26%
事業展開方式	15.07%	6.46%	12.03%	21.28%
雇用形態	14.61%	1.95%	10.69%	20.85%
ホテル規模	6.81%	2.48%	5.27%	10.07%
Pearson's R	0.971 (.00)	0.954 (.00)	0.995 (.00)	0.972 (.00)
Kendall's tau	0.918 (.00)	0.778 (.00)	0.948 (.00)	0.862 (.00)

の重要度を表したものである。ホテルの業態は「都市型」が36.7％でもっとも多く、「ビジネス型」が30.5％、「リゾート型」が21.9％、「宿泊特化型」が10.9％となった(表3-13参照)。

結果をみると、「都市型」と「ビジネス型」は"立地"をもっとも重視しており、「リゾート型」は"宿泊料金"をもっとも重視している。しかし、「宿泊特化型」は"付帯施設"をもっとも重視しており、他の業態と異なる結果を表している。その理由としては、ほとんどの宿泊特化型ホテルは駅から近いところに位置しており、宿泊料金も他の業態と比べてもっとも安いため、「立地」と「宿泊料金」に対しては他の業態より競争優位にあると考えられる。そして、今後の宿泊特化型ホテル同士の競争において、他の宿泊特化型ホテルとの差別化を図るための付帯施設の強化(大浴場、IT設備など)、事業拡張における展開方式、非正社員の活用などを重視していると考えられる。

(3) 人口統計的特性別の分析結果
1) 性別によるホテル構成要素の重要度

表3-17は、標本の性別に分けて、それぞれホテル構成要素の重要度を表したものである。男女比率は「男性」が89.1％であり、「女性」が10.9％であった(表3-13参照)。

「男性」の場合は、"立地"、"付帯施設"、"事業展開方式"の順であり、女性の場合は、"立地"、"付帯施設"、"雇用形態"の順となった。性別のホテル構成要素の重要度はあまり差がなかった。

表3-17 性別によるホテル構成要素の重要度

		立地	付帯施設	1泊宿泊料金帯	事業展開方式	雇用形態	ホテル規模	Pearson's R Kendall's tau
性別	男性	35.62%	19.57%	10.82%	14.21%	13.15%	6.63%	0.991 (0.00) 0.905 (0.00)
	女性	29.77%	23.74%	12.44%	12.69%	15.70%	5.65%	0.997 (0.00) 0.895 (0.00)

2）最終学歴によるホテル構成要素の重要度

表3-18は，標本の最終学歴に分けてそれぞれホテル構成要素の重要度を表したものである。「高校」が16.4％，「専門学校・短期大学」が13.3％，「大学・大学院」が70.3％であった(表3-13参照)。

「高校」の場合は，"立地"，"付帯施設"，"雇用形態"の順で重要度が高く，「専門学校・短期大学」の場合は，"付帯施設"，"立地"，"1泊宿泊料金帯"の順となった。そして，「大学・大学院」の場合は，"立地"，"付帯施設"，"事業展開方式"の順となった。

「専門学校・短期大学」の場合は，"付帯施設"をもっとも重視しており，"付帯施設"，"立地"以外の構成要素についての重要度が低かった。

3）業界内での経験年数によるホテル構成要素の重要度

業界内での経験年数は，最小10年以下を基準として，それ以上は5年単位に分けた。ホテル業界は転職率が高い産業であり，業界内での経験年数によってホテル構成要素の重要度が異なると思われる。表3-19は，業界内での経験年数によるホテル構成要素の重要度を表したものである。

業界内での経験年数は，「10年以下」が18.8％，「11-15年」が10.2％，「16-20年」が16.4％，「21-25年」が23.4％，「26年以上」が31.3％であり，回答者50％以上の業界内での経験年数は21年以上である(表3-13参照)。

全体的に「立地」の重要度が高く，次いで「付帯施設」，「事業展開方式」の順と

表3-18　最終学歴によるホテル構成要素の重要度

		立地	付帯施設	1泊宿泊料金帯	事業展開方式	雇用形態	ホテル規模	Pearson's R Kendall's tau
最終学歴	高校	32.33%	19.84%	11.10%	10.29%	18.04%	8.41%	0.959 (0.00) 0.739 (0.00)
	専門短期	28.78%	45.20%	9.72%	5.26%	6.70%	4.34%	0.970 (0.00) 0.869 (0.00)
	大学(院)	35.33%	16.84%	11.84%	16.49%	13.39%	6.10%	0.992 (0.00) 0.935 (0.00)

表 3-19　業界での経験年数によるホテル構成要素の重要度

		立地	付帯施設	1泊宿泊料金帯	事業展開方式	雇用形態	ホテルの規模	Pearson's R Kendall's tau
経験年数	10年以下	**27.27%**	13.88%	7.43%	**19.26%**	15.58%	**16.57%**	0.985 (0.00) 0.828 (0.00)
	11-15	**30.17%**	9.11%	14.23%	**21.54%**	**15.84%**	9.11%	0.971 (0.00) 0.826 (0.00)
	16-20	**42.68%**	**33.58%**	0.42%	**15.69%**	3.45%	4.18%	0.979 (0.00) 0.935 (0.00)
	21-25	**30.14%**	**21.17%**	18.84%	**19.20%**	8.13%	2.51%	0.987 (0.00) 0.905 (0.00)
	26年以上	**32.06%**	**17.98%**	13.54%	11.54%	**17.07%**	7.80%	0.973 (0.00) 0.817 (0.00)

なった。「1泊宿泊料金帯」の重要度は，16-20年の場合がもっとも低く，21-25年と26年以上の場合は，それぞれ18.84%，13.54%と高かった。

4）職位によるホテル構成要素の重要度

　本書での「職位」とは，調査対象者の肩書であり，回収した標本を「支配人」とその他の経営幹部である「中間幹部」に分けた。地位は「支配人」が50.0%，「中間幹部」が34.4%，「N/A」が15.6%となった（表3-13参照）。

　支配人の場合は，「立地」，「付帯施設」，「1泊宿泊料金帯」の順となり，中間幹部の場合は，「立地」，「事業展開方式」，「付帯施設」の順となった。両方とも「立地」を重視していることがわかった。

表 3-20　職位によるホテル構成要素の重要度

		立地	付帯施設	1泊宿泊料金帯	事業展開方式	雇用形態	ホテルの規模	Pearson's R Kendall's tau
地位	支配人	29.24%	20.22%	18.29%	9.52%	13.24%	9.50%	0.978 (0.00) 0.843 (0.00)
	中間幹部	38.66%	20.18%	8.65%	20.67%	10.20%	1.64%	0.994 (0.00) 0.970 (0.00)

(4) 調査のまとめ

　本調査は，ホテル選択行動に関する既存研究をレビューし，消費者側のみならず経営者側からの研究の必要性を指摘した。さらに，ホテル構成要素とホテル選択属性の関係を整理した上で，ホテルの構成要素に関する研究の不足を明らかにした。

　以上2つの理由から，本調査はホテルの構成要素に対するホテル経営者の認識の把握を試みた。そのために，ホテル業に詳しい専門家の助言と文献研究に基づいて抽出した6つの属性と17つの属性水準を用いて実証調査(コンジョイント分析)を行った。その結果は次のとおりである。

1) 結果の要約

　ホテル経営者は，ホテルの構成要素の中で,「立地(35.03％)」をもっとも重視しており，次いで「付帯施設(20.07％)」,「事業展開方式(14.07％)」を重視していることが分かった(表3-14参照)。しかし,「ホテルの規模」については6.36％でもっとも重視していなかった。また，属性水準別の効用値においては「立地」は"都市"が高く,「付帯施設」では"レストランのみ",「宿泊料金」では"高級",「事業展開方式」では"直営",「雇用形態」では"正社員＜非正社員",「ホテル規模」では"200～299室"が高かった。以上の結果から，ホテル経営者がもっとも選好するホテルの形態は，直営方式の都市に位置する客室200～299室の規模で，宿泊料金帯は高級であり，正社員より非正社員の割合が高く，レストランのみ設けているホテルである(表3-15のプロファイルNo.4参照)。

　さらに，業態別のホテル構成要素の重要度をみると,「都市型」は"立地"をもっとも重視しており，次いで"宿泊料金","付帯施設"の順となり,「リゾート型」は"宿泊料金","付帯施設","立地"の順となった。「ビジネス型」は"立地","付帯施設","宿泊料金"の順となった。しかし,「宿泊特化型」は"付帯施設"をもっとも重視しており，次いで"事業展開方式","雇用形態"の順となった。「宿泊特化型」が他の業態と異なる結果を示した理由としては，駅から近い交通の便利さ，宿泊料金の低廉さなど,"立地"と"宿泊料金"に対しては他の業態より競争優位

にあると考えられ，今後の宿泊特化型ホテル同士の競争において，他の宿泊特化型ホテルとの差別化を図るための付帯施設（大浴場，IT設備など）の強化，事業拡張における展開方式，非正社員の活用などを重視しているからであると考えられる（表3-16参照）。

2）示唆点

整理された分析の結果からホテル構成要素を組み合わせてみると，最近日本のホテル業界の中で注目を浴びている「宿泊主体型」[10]に当てはまるといえる。「立地」においては，"都市"に位置しており，レストランを含めて付帯施設はなるべく抑えながら，余りのコストを客室の品質（広さ，装飾，室内設備など）の向上に注力し，宿泊料金は高級グレードの高め（1泊2万円以上）に設定されている。

しかし，この「宿泊主体型」は学界より業界でよく使われる用語であり，「ストリングスホテル東京」，「ロイヤルパーク汐留タワー」[11]などその事例が少ないため，ひとつの業態として定着するまでは時間がかかると考えられる。しかし，本調査の結果から考えると今後の発展可能性は高いといえる。

また，人口統計的特性別（性別，年齢，最終学歴，業界での経験年数，職位）のホテル構成要素の重要度の差異を検証した結果，明確な違いは明らかにならなかったものの，今後の研究において深く分析する必要性はある。

本調査は，ホテル業に関する研究において，重要度・選好分析に有用な手法であるコンジョイント分析の活用可能性を確認したことと，ホテル経営者のみならず，ホテル業に関心をもつ研究者にも貴重な参考資料となることが成果として挙げられる。さらに，これまで行われてきた消費者側中心のホテル選択属性に関する研究とは差別化し，経営者側からのホテル構成要素の重要度を測定したことに研究の意義があるといえる。

しかし，本調査の結果は，本章の冒頭で考察したホテル選択属性に関する既存研究（消費者のニーズ分析中心）の結果と比較するまでは至らなかった。なぜなら，測定した変数がそれぞれ異なったからである。例えば，従業員に関しては，選択属性に関する既存研究では従業員のサービスが良いかどうか，従業員

がよく訓練されているかどうか，従業員が笑顔で迎えてくれたかどうかなどを測定したのに対して，本研究では従業員の割合をどうするかを測定したためである。つまり，両者を比較できるような基準がなく，その結果，既存研究との比較ができなかったことは本調査の限界といえる。

従って，次節（第3章の3）では本調査の限界を踏まえた上で，本調査の結果と比較できるように照合させながら設問を構成して，消費者側を対象として実証調査を行う。

3 ホテル選択属性に対する消費者の認識

ホテル選択属性に対する消費者の認識を把握するため，ホテルに宿泊した経験のある一般の人びとを対象として実証調査を行った。本書で用いるホテル選択属性は5つであり（表3-10参照），分析方法は選好分析，あるいは重要度分析に良く使われるコンジョイント分析を用いた。

(1) 調査の設計
1) 調査の概要

本調査は，ホテル選択属性に対する消費者の認識を把握するため，コンジョイント分析を用いた。前述したように，コンジョイント分析を行うためには，事前に属性と属性水準を決めなければならない。ホテル選択属性を属性とし，また既存研究のレビューから，5個の属性と個々の属性に対して2個あるいは3個の属性水準を抽出した（表3-21参照）。

抽出した5個の属性と13個の属性水準は，SPSSの統計プログラムの直交計画（Fractional Factorial design）を用いて18個のプロファイル（2個のHold-outプロファイルを含む）を作成した。

本調査はホテルに宿泊した経験のある消費者を対象として，2005年8月10日から1カ月間にかけて実施し，配布した410部のうち196部が回収された（回収率47.8％，有効サンプル161部）。調査内容は，ホテル選択属性の19項目とコ

表 3-21　属性(ホテルの選択属性)と属性水準

属性	属性の説明	属性水準
立地	立地の条件	交通の便が良い 買い物に便利
サービス提供形態	ホテル側が提供する サービスの形態	セルフ・サービス フル・サービス
1泊宿泊料金帯	割引なしの宿泊料金帯	1万円未満 1万-2万円未満 2万円以上
付帯施設	客室以外のホテル内に 設けられている施設	全施設 飲食施設のみ なし
情報入手手段	ホテルの情報を 得る際に重視するもの	ブランド・名声 口コミ メディア広告

表 3-22　調査の概要

- 調査目的:ホテル選択属性についての消費者の認識の分析
- 調査対象:宿泊経験のある消費者
- 調査期間:2005.8.10～2005.9.10
- 回収サンプル:410部配布,196部回収
  　　　　　　(回収率47.8%,有効サンプル161部)
- 分析方法:因子分析,T-検定,コンジョイント分析

ンジョイント分析のための18個のプロファイルで構成されている。

2) 分析の手順

　分析の手順は大きく2つに分かれている。まず,ホテルの選択属性を用いて因子分析を行い,抽出した因子に対して業態別(シティホテル,宿泊特化型ホテル)の差異を検証するためにT-検定を行った。次いでコンジョイント分析を用いてカテゴリ化した選択属性同士間の重要度を分析した。

(2) ホテル選択属性に対する因子分析とT-検定の結果
1）人口統計的特性

　回答者の人口統計的特性をみると，性別は「男性」が70.2％と多く，結婚の有無は「既婚」が65.8％ながら，一人で宿泊した人が65.8％であった。年齢は「31-40歳」，「41-50歳」，「30歳以下」の順であり，最終学歴は「大学・大学院」，「専門学校・短期大学」の順となった。宿泊回数は「はじめて」が50.9％であり，宿泊目的は「ビジネス」，「観光」の順となった。泊まったホテルの業態は「宿泊特化型ホテル」が62.7％，「シティホテル」が37.3％であった。

2）因子分析の結果

　19項目のホテル選択属性に対する探索的因子分析では，固有値1以上の4つの因子が抽出された。抽出した4つの因子による累積分散率は57.002％であり，各因子に対する信頼度分析の結果，Cronbach's α係数は「付帯施設」，「従業員・サービス」，「客室内設備」は0.7以上であり，「外観・立地」は0.54と低か

表3-23　人口統計的特性（N=161）

変数名	項目	度数	%	変数名	項目	度数	%
宿泊した	シティホテル	60	37.3	性別	男	113	70.2
ホテルの業態	宿泊特化型ホテル	101	62.7		女	48	29.8
宿泊回数	はじめて	82	50.9	年齢	30歳以下	37	23.0
	2回目	34	21.1		31-40歳	47	29.2
	3回目	19	11.8		41-50歳	43	26.7
	4回目以上	26	16.1		51-60歳	30	18.6
宿泊目的	ビジネス	87	54.0		61歳以上	4	2.5
	観光	45	28.0	最終学歴	高校	18	11.2
	ビジネス＆観光	27	16.8		専門学校・短期	25	15.5
	その他	2	1.2		大学・大学院	118	73.3
結婚の有無	未婚	55	34.2	同伴者	一人で	106	65.8
	既婚	106	65.8		家族	38	23.6
					親友	15	9.3
					その他	2	1.2

った。

3）T-検定の結果

次いで，抽出した因子に対してホテル業態別の差を検証するため，T-検定を行った。その結果，4つの因子のうち，「従業員・サービス」についてはシティホテルと宿泊特化型ホテルとのあいだには統計的に有意な差が認められ，シティホテルが宿泊特化型ホテルより「従業員・サービス」を重視していることが明らかになった。

表3-24　ホテル選択属性の因子分析の結果

因子	変数	因子負荷量	固有値	分散率
付帯施設 $\alpha=0.79$	ルーム・サービス	.786	3.851	24.067
	ビジネスセンター	.777		
	多彩な飲食施設	.748		
	IT環境の強化	.594		
	エステ・フィットネス	.553		
従業員・サービス $\alpha=0.70$	従業員のサービスへの熱意	.812	2.192	13.698
	顧客に対する従業員の気配り	.805		
	業務に対する従業員の熟練度	.766		
	個人的な要求・欲求への対応	.631		
客室内設備 $\alpha=0.75$	客室内の空調	.815	1.854	11.586
	ベッドの快適さ	.753		
	浴室備品の質	.648		
	客室の広さ	.514		
外観・立地 $\alpha=0.54$	ホテルの外観	.798	1.224	7.650
	ホテルの立地(周囲環境)	.664		
	交通の便利性	.487		

表3-25　T-検定の結果

因子	ホテル業態	平均値	平均の差	t値	有意確率
従業員・サービス	シティホテル	.469	-.748	-5.515	.000
	宿泊特化型	-.279			

第3章　ホテル戦略群別の戦略樹立の方向性

(3) ホテル選択属性の重要度と業態別の差異

1) ホテル選択属性の相対的重要度と属性水準別の効用値

表3-26のコンジョイント分析結果の中で，各属性の重要度と属性別の属性水準の効用値をみると，属性の重要度は「1泊宿泊料金帯」が48.03％でもっとも高く，「立地」(18.13％)，「サービス提供形態」(14.17％)，「付帯施設」(10.90％)，「情報入手手段」(8.76％)の順となっている。

属性水準別の効用値をみると，「1泊宿泊料金帯」では"1万円未満"と"1万～2万円未満"がそれぞれ1.6617，1.1166で"2万円以上"より選好されている。次いで「立地」では"交通の便が良い"，「サービス提供形態」では"フル・サービス"，「付帯施設」では"全施設"，「情報入手手段」では"ブランド・名声"が選好されている。

Pearson's R，Kendall's tau値は，それぞれ0.997，0.967であり，このコンジョイント分析の説明力は高いといえる。また，両方とも5％の有意水準下で

表3-26 属性の重要度と属性水準別の効用値

属性と属性水準		重要度	効用値
立地	交通の便が良い	18.13％	0.8584
	買い物に便利		−0.8584
サービス提供形態	フル・サービス	14.17％	0.6750
	セルフ・サービス		−0.6750
1泊宿泊料金帯	1万円未満	48.03％	1.6617
	1万−2万円未満		1.1166
	2万円以上		−2.7782
付帯施設	全施設	10.90％	0.2060
	飲食施設のみ		0.0018
	なし		−0.2078
情報入手手段	ブランド・名声	8.76％	0.3273
	口コミ		0.1343
	メディア広告		−0.4615
Pearson's R	0.997	有意水準	0.000
Kendall's tau	0.967	有意水準	0.000

表 3-27　ホテル構成要素のプロファイルに対する効用値

番号	立地	サービス提供形態	1泊宿泊料金帯	付帯施設	情報入手手段	順位
1	交通の便が良い 0.8584	セルフ・サービス* −0.675	2万円以上 −2.7782	なし −0.2078	メディア広告 −0.4615	17 −3.2641
2	買い物に便利 −0.8584	フル・サービス 0.675	2万円以上 −2.7782	飲食施設のみ 0.0018	ブランド・名声 0.3273	15 −2.6325
3	交通の便が良い 0.8584	フル・サービス 0.675	1万円未満 1.6617	飲食施設のみ 0.0018	ブランド・名声 0.3273	1 3.5242
4	交通の便が良い 0.8584	セルフ・サービス −0.675	1万-2万円未満 1.1166	なし −0.2078	メディア広告 −0.4615	5 0.6307
5	交通の便が良い 0.8584	セルフ・サービス −0.675	2万円以上 −2.7782	飲食施設のみ 0.0018	口コミ 0.1343	14 −2.4587
6	交通の便が良い 0.8584	フル・サービス 0.675	2万円以上 −2.7782	全施設 0.206	ブランド・名声 0.3273	9 −0.7115
7	買い物に便利 −0.8584	フル・サービス 0.675	1万-2万円未満 1.1166	飲食施設のみ 0.0018	メディア広告 −0.4615	6 0.4735
8	買い物に便利 −0.8584	フル・サービス 0.675	1万-2万円未満 1.1166	全施設 0.206	口コミ 0.1343	3 1.2735
9	交通の便が良い 0.8584	フル・サービス 0.675	2万円以上 −2.7782	全施設 0.206	口コミ 0.1343	10 −0.9045
10	買い物に便利 −0.8584	フル・サービス 0.675	2万円以上 −2.7782	全施設 0.206	メディア広告 −0.4615	16 −3.2171
11	買い物に便利 −0.8584	セルフ・サービス −0.675	1万円未満 1.6617	なし −0.2078	メディア広告 −0.4615	8 −0.541
12	買い物に便利 −0.8584	セルフ・サービス −0.675	2万円以上 −2.7782	なし −0.2078	メディア広告 −0.4615	18 −4.9809
13	買い物に便利 −0.8584	セルフ・サービス −0.675	1万円未満 1.6617	全施設 0.206	口コミ 0.1343	7 0.4686
14	交通の便が良い 0.8584	セルフ・サービス −0.675	1万-2万円未満 1.1166	全施設 0.206	ブランド・名声 0.3273	2 1.8333
15	買い物に便利 −0.8584	フル・サービス 0.675	2万円以上 −2.7782	全施設 0.206	ブランド・名声 0.3273	13 −2.4283
16	交通の便が良い 0.8584	フル・サービス 0.675	2万円以上 −2.7782	全施設 0.206	メディア広告 −0.4615	11 −1.5003
17	交通の便が良い 0.8584	セルフ・サービス −0.675	1万円未満 1.6617	なし −0.2078	メディア広告 −0.4615	4 1.1758
18	交通の便が良い 0.8584	セルフ・サービス −0.675	2万円以上 −2.7782	飲食施設のみ 0.0018	ブランド・名声 0.3273	12 −2.2657

*セルフ・サービス：ベルサービス，ルームサービスなどの個人的要求に応じるサービスが提供されないことを指す。

有意であった(0.00＜0.05)。

　表3-26に基づいたホテル選択属性のプロファイルに対する効用値の合計の順位は表3-27のとおりである。効用値の合計がもっとも高いホテル選択属性の組合せは交通の便の良い場所(0.8584)に位置し，付帯施設は全施設(0.2060)設けて，1泊宿泊料金帯は1万円未満(1.6617)であり，サービス提供形態はフル・サービス(0.6750)を取って，ブランド・名声(0.3273)が高いホテルである。

$$U = 0.8584 + 0.2060 + 1.6617 + 0.6750 + 0.3273 = 3.7284$$

　本調査で構成された18プロファイルの中で，もっとも効用値が高いプロファイルは，上記のもっとも高い効用値の組合せは含まれておらず，もっとも効用値が高い組み合わせで付帯施設が「全施設」ではなく，「飲食施設のみ」の場合である(プロファイル番号3)。

　従って，各属性水準の効用値の合計によって，消費者が選好するホテル選択属性の組合せを推測することができる。すなわち，交通の便が良いところに位置し，付帯施設は全施設を設けてフル・サービスを提供し，1泊宿泊料金は2万円未満(1万円未満がもっとも効用値が高いが，その差が少ないためまとめて2万円未満とする)であり，ブランド・名声の高いホテルである。

2) シティホテルと宿泊特化型ホテルの重要度の比較

　表3-28は，得られたサンプルをシティホテルと宿泊特化型ホテルに分類し，それぞれのホテルの選択属性の重要度を表したものである。ホテルの業態は「シティホテル」が37.3％，「宿泊特化型」が62.7％となった(表3-23参照)。

　結果をみると，シティホテルの場合，消費者がもっとも重視するホテルの選択属性は，「1泊宿泊料金帯」であり，次いで「サービス提供形態」，「立地」の順であった。また，宿泊特化型ホテルの場合は，「1泊宿泊料金帯」，「立地」，「情報入手手段」の順となった。

　しかし，双方とも「1泊宿泊料金帯」の重要度がもっとも高いものの，シティ

表 3-28　業態別ホテルの選択属性の重要度と効用値

属性と属性水準		シティホテル		宿泊特化型ホテル	
		重要度	効用値	重要度	効用値
立地	交通の便が良い	21.34	1.0377	16.23	0.7519
	買い物に便利		−1.0377		−0.7519
サービス提供形態	フル・サービス	21.51	1.0459	7.84	0.4547
	セルフ・サービス		−1.0459		−0.4547
1泊宿泊料金帯	1万円未満	26.96	0.7735	60.55	2.1893
	1万−2万円未満		0.9243		1.2308
	2万円以上		−1.6978		−3.4201
付帯施設	全施設	19.91	1.1168	5.56	−0.3351
	飲食施設のみ		−0.2975		0.1797
	なし		−0.8193		0.1554
情報入手手段	ブランド・名声	10.29	0.2620	9.82	0.3661
	口コミ		0.3694		−0.0054
	メディア広告		−0.6314		−0.3606
Pearson's R		0.993 (0.00)		0.994 (0.00)	
Kendall's tau		0.967 (0.00)		0.933 (0.00)	

ホテルは26.96％，宿泊特化型ホテルは60.55％と差が大きい。また，シティホテルの場合は，5つの選択属性の重要度が均等に分かれているが，宿泊特化型ホテルは，「1泊宿泊料金帯」と「立地」以外の選択属性の重要度が低い。さらに，属性水準を比較してみると，「1泊宿泊料金帯」においては，シティホテルの場合は"1万−2万円未満"，宿泊特化型ホテルの場合は"1万円未満"を選好しており，「情報入手手段」においては，シティホテルの場合は"口コミ"と"ブランド・名声"，宿泊特化型ホテルの場合は"ブランド・名声"を選好している。

(4) 人口統計的特性別の分析結果
1) 性別によるホテル選択属性の重要度
　表3-29は，標本の性別に分けてそれぞれホテル選択属性の重要度を表したものである。男女比率は「男性」が70.2％であり，「女性」が29.8％であった(表

3-23参照)。

「男性」の場合は,"1泊宿泊料金帯","立地","サービス提供形態"の順であり,女性の場合は,"1泊宿泊料金帯","サービス提供形態","立地"の順となった。性別のホテル選択属性の重要度はあまり差がなかった。

2) 年齢によるホテル選択属性の重要度

年齢は30歳以下を基準とし,10年単位に分けた。「30歳以下」が23.0%,「31-40歳」が29.2%,「41-50歳」が26.7%,「51-60歳」が18.6%,「61歳以上」が2.5%となった(表3-23参照)。

すべてが「1泊宿泊料金帯」をもっとも重視している。次いで「立地」の重要度が高かった。また,40歳以下の場合は「情報入手手段」の重要度が高いものの,

表3-29　性別によるホテル選択属性の重要度

		立地	サービス提供形態	1泊宿泊料金帯	付帯施設	情報入手手段	Pearson's R Kendall's tau
性別	男性	20.98%	14.02%	53.02%	1.95%	10.03%	0.995 (0.00) 0.950 (0.00)
	女性	16.43%	19.32%	45.71%	11.98%	6.56%	0.996 (0.00) 0.933 (0.00)

表3-30　年齢によるホテル構成要素の重要度

		立地	サービス提供形態	1泊宿泊料金帯	付帯施設	情報入手手段	Pearson's R Kendall's tau
年齢	30歳以下	14.40%	16.87%	46.91%	6.59%	15.22%	0.986 (0.00) 0.917 (0.00)
	31-40歳	13.76%	8.98%	55.14%	10.26%	11.85%	0.976 (0.00) 0.767 (0.00)
	41-50歳	17.35%	19.42%	44.40%	11.03%	7.80%	0.988 (0.00) 0.933 (0.00)
	51-60歳	23.75%	11.03%	41.29%	18.83%	5.10%	0.995 (0.00) 0.929 (0.00)
	61歳以上	30.11%	6.75%	43.78%	7.42%	11.94%	0.924 (0.00) 0.768 (0.00)

表 3-31 宿泊回数によるホテル選択属性の重要度

		立地	サービス提供形態	1泊宿泊料金帯	付帯施設	情報入手手段	Pearson's R Kendall's tau
宿泊回数	はじめて	18.67%	13.47%	51.39%	8.49%	7.99%	0.993 (0.00) 0.967 (0.00)
	2回目	8.16%	23.22%	38.29%	13.87%	16.46%	0.966 (0.00) 0.812 (0.00)
	3回目	34.99%	5.22%	47.23%	8.16%	4.41%	0.971 (0.00) 0.817 (0.00)
	4回目以上	18.66%	9.31%	45.41%	19.77%	6.85%	0.986 (0.00) 0.962 (0.00)

41歳以上はあまり重要度が高くなかった。

3）宿泊回数によるホテル選択属性の重要度

宿泊回数は,「はじめて」が50.9％,「2回目」が21.1％,「3回目」が11.8％, リピーターである「4回目以上」が16.1％となった。すべてが「1泊宿泊料金帯」をもっとも重視している。

「2回目」の場合は,"1泊宿泊料金帯"に次いで,"サービス提供形態","情報入手手段"の順となり,"立地"の重要度が低かった。また,リピーターである「4回目以上」の場合は,"1泊宿泊料金帯"に次いで,"付帯施設"の重要度が高く,「3回目」の場合は,"1泊宿泊料金帯"と"立地"以外の属性の重要度が低かった。

(5) 調査のまとめ

1）結果の要約

本調査は, Porterの経営戦略に基づいて, 日本の都市型ホテルを2つの戦略群（業態）別に分けてホテルの選択属性の重要度の差を検証することによって, 戦略樹立の方向性を提示することを試みた。そのため, ホテルに宿泊した経験のあるの消費者を対象として実証調査を行った。その結果は以下のとおりである。

まず, 19項目のホテルの選択属性に対する因子分析の結果, 固有値1以上

の4つの因子が抽出された。次いで抽出した因子に対してホテル戦略群別の差を検証するため，T-検定を行った。その結果，4つの因子のうち，「従業員・サービス」についてはシティホテルと宿泊特化型ホテルとのあいだには，統計的に有意な差が認められた。

また，コンジョイント分析結果，各属性の重要度と属性別の属性水準の効用値をみると，属性の重要度は「1泊宿泊料金帯」が48.03％でもっとも高く，次いで「立地」，「サービス提供形態」の順となった。

属性水準別の効用値をみると，「1泊宿泊料金帯」では"1万円未満"と"1万－2万円未満"がそれぞれ1.6617，1.1166で"2万円以上"より選好されている。次いで「立地」では"交通の便が良い"，「サービス提供形態」では"フル・サービス"，「付帯施設」では"全施設"，「情報入手手段」では"ブランド・名声"が選好されている。Pearson's R，Kendall's tau値は，それぞれ0.997，0.967であり，このコンジョイント分析の説明力は高いといえる。また，両方とも5％の有意水準下で有意である（0.00＜0.05）。

従って，各属性水準の効用値の合計によって消費者が選好するホテルの選択属性の組合せを推測することができる。すなわち，交通の便が良いところに位置し，付帯施設は全施設を設けてフル・サービスを提供し，1泊宿泊料金は2万円未満（1万円未満がもっとも効用値が高いが，その差が少ないためまとめて2万円未満とする）であり，ブランド・名声の高いホテルである。

2）示唆点

各ホテル戦略群は，機能や規模，施設などおかれた状況が異なるので，ホテル戦略群（業態）別に区分して分析する必要がある。そのために本調査では，ホテル戦略群をシティホテルと宿泊特化型ホテルに分けて比較分析を行った。

因子分析による抽出された4つの因子に対してホテル戦略群別の差を検証した結果，「従業員・サービス」においては統計的に有意な差が認められ，シティホテルが宿泊特化型ホテルより重視されていることが明らかになった。

コンジョイント分析の結果，双方とも「1泊宿泊料金帯」をもっとも重視して

いるが，その重要度の差は大きく，シティホテルは5つの属性に対する重要度の割合が均等に分散しているが，宿泊特化型ホテルは「1泊宿泊料金帯」と「立地」の重要度が際立っている。このことから，マーケティング戦略の樹立にあたって，シティホテルの場合は，宿泊料金，立地，サービス，付帯施設などを総合的に考慮する必要があること，宿泊特化型ホテルの場合は，宿泊料金，立地などに集中する必要があることがわかった。

また，「情報入手手段」においては，シティホテルは"口コミ"の効用値が高いことから，顧客を満足させるためのサービスの向上が必要であり，宿泊特化型ホテルは"ブランド・名声"の効用値が高いことから，チェーン展開などによってホテルに対する安心感を高める必要があると考えられる。

4 ホテル戦略群別の戦略樹立の方向性の差異

(1) ホテル構成要素と選択属性に対する実証調査の結果比較

第3章では，第2章で行った戦略群の分類に基づいて，戦略群別のホテル構成要素と選択属性の重要度の差を検証することによって，ホテル戦略群別の戦略樹立の方向性の差異を明らかにすることを試みた。

ホテル企業は企業の成果を得るために，必要な戦略を樹立して実行している。その戦略を樹立する際，重要な基準となるのが消費者のニーズの分析である。しかし，消費者のニーズのみならず，自社の状況を把握し，その状況に合わせて経営方針を決める経営者の認識も非常に重要な要因になる。

そのため，ホテル選択行動に関する既存研究を考察し，ホテル構成要素，ホテル選択属性という用語の操作的定義を行った上で，既存研究で用いられた選択属性をカテゴリ化し，ホテル構成要素とホテル選択属性を抽出した。

抽出されたホテル構成要素，選択属性の重要度を把握するため，ホテル経営者，消費者を対象として実証調査を行った。2つの実証調査のコンジョイント分析の結果比較は，以下のとおりである。

表3-32のように，経営者側が選好するホテル構成要素は，「立地」，「付帯施設」，

表 3-32　2つの実証調査の結果比較

重要度順位	ホテル構成要素	ホテル選択属性
1	立地(35.03%)	1泊宿泊料金帯(48.03%)
2	付帯施設(20.07%)	立地(18.13%)
3	事業展開方式(14.07%)	サービス提供形態(14.17%)
4	従業員の構成比(13.45%)	付帯施設(10.9%)
5	1泊宿泊料金帯(11.02%)	情報入手手段(8.76%)
6	ホテルの規模(6.36%)	−
Pearson's R	0.993 (.00)	0.997 (.00)
Kendall's tau	0.961 (.00)	0.967 (.00)

「事業展開方式」の順であり，消費者側が重視するホテル選択属性は，「1泊宿泊料金帯」，「立地」，「サービス提供形態」の順である。経営者側がもっとも重視する「立地」については，消費者側も2番目に重視しているものの，消費者側がもっとも重視する「1泊宿泊料金帯」については，経営者側はあまり重視していないことがわかる。また，消費者側が3番目に重視する「サービス提供形態」も「1泊宿泊料金帯」と深い関わりをもつ属性なので，経営者側は考慮する必要がある。

　従って，ホテル経営戦略の樹立にあたっては，ホテルの能力（経営状況などを考慮した財務的・非財務的能力）を考慮した上で，消費者側のニーズを把握し，自社の状況に合わせた経営戦略の樹立・実行が必要である。

(2) ホテル戦略群別の戦略樹立の方向性の差異

1) ホテル構成要素に対するホテル戦略群別の差異

　ホテル戦略群別のホテル構成要素の重要度の差異を比較してみると，シティホテルの場合は「立地」をもっとも重視しており，宿泊特化型の場合は「付帯施設」をもっとも重視している。宿泊特化型ホテルの場合，ほとんどの宿泊特化型ホテルは駅から近いところに位置しており，宿泊料金も他の業態と比べてもっとも安いため，「立地」と「宿泊料金」に対しては他の業態より競争優位をとっていると考えられる。そして，今後の宿泊特化型ホテル同士の競争において，他の宿泊特化型ホテルとの差別化を図るための付帯施設の強化（大浴場，IT設

備など），事業拡張における展開方式，非正社員の活用などを重視していると考えられる。

また，シティホテル構成要素の重要度は，「立地」，「宿泊料金」，「付帯施設」の順であり，宿泊特化型の場合は，「付帯施設」，「事業展開方式」，「雇用形態」の順となり，各ホテル戦略群別のホテル構成要素の重要度の順位が異なる。従って，今後，ホテル戦略群別の経営戦略樹立の方向性も異なるといえる[12]。

2）ホテル選択属性に対するホテル戦略群別の差異

ホテル戦略群別のホテル選択属性の重要度の差異を比較してみる。シティホテルの場合，消費者がもっとも重視するホテル選択属性は，「1泊宿泊料金帯」であり，次いで「サービス提供形態」，「立地」の順であった。また，宿泊特化型ホテルの場合は，「1泊宿泊料金帯」，「立地」，「情報入手手段」の順となった。

しかし，双方とも「1泊宿泊料金帯」の重要度がもっとも高いものの，シティホテルは26.96％，宿泊特化型ホテルは60.55％と差が大きい。また，シティホテルの場合は，5つの選択属性の重要度が均等に分かれているが，宿泊特化型ホテルは，「1泊宿泊料金帯」と「立地」の重要度が際立っている。このことから，経営戦略の樹立にあたって，シティホテルの場合は，「宿泊料金」，「立地」，「サービス」，「付帯施設」などを総合的に考慮する必要があること，宿泊特化型ホテルの場合は，「宿泊料金」，「立地」などに集中する必要があることがわかった。

さらに，属性水準を比較してみると，「情報入手手段」においては，シティホテルの場合は"口コミ"の効用値が高いことから，顧客を満足させるためにサービスの向上が必要であり，宿泊特化型ホテルの場合は"ブランド・名声"の効用値が高いことから，チェーン展開などによってホテルに対する安心感を高める必要があると考えられる。

5　まとめ

本章では，ホテル業に関する研究において重要度・選好分析に有用な手法で

あるコンジョイント分析の活用可能性を確認したことと，戦略群別の比較分析の結果は，経営戦略の樹立においても参考資料となることが成果として挙げられる。さらに，既存研究に用いられたさまざまな選択属性を6つのカテゴリに整理し，そのカテゴリに修正を加えて6つのホテル構成要素と5つのホテル選択属性を抽出した。それらの重要度の差の測定を試みたことにも実証調査の意義があるといえる。

また，本章では，Porterのロジックに基づいて研究を進めてきたが，業界内の優位なポジションを獲得するための戦略樹立の方向性は示すことができたものの，そのポジションと企業の成果との関係については明らかにできなかった。そこで，次の第4章において，戦略樹立の方向性をさらに明確するために「戦略的志向性(strategic orientation)」と企業の成果との関係についての検証を行う。

注
1) ここでのFrequent travelersの定義は，前年に宿泊を伴う旅行を10回以上行った旅行者である。2,000人のパネラーにアンケート表を郵送し，1,853部を回収した。
2) 決定要因22項目に関しては，参考文献の本文のp.75を参照してほしい。
3) 詳しい内容については，参考文献の本文p.91を参照してほしい。
4) 表3-5では，因子名と各因子に対する寄与率と構成変数のみ表記したので，各構成変数に対する因子負荷量などは本文p.69を参照してほしい。
5) 7社は，Sheraton Skyline, THF Excelsior, Penta Heathrow, Holiday Inn, Sheraton Heathrow, Crest Heathrow, THF Post Houseである。
6) 評価得点の順位は，Holiday Inn (79.91)，Sheraton Skyline (68.02)，Sheraton Heathrow (66.40)，Penta Heathrow (60.41)，THF Post House (59.23)，THF Excelsior (54.82)，Crest Heathrow (54.54)の順である。
7) ホテルクラスターは，細かくは4つ，大きくは2つ(クラスター1と2，クラスター3と4)に分けられた。
クラスター1：Sheraton Skyline, Sheraton Heathrow；クラスター2：Holiday Inn
クラスター3：Crest Heathrow, THF Excelsior；クラスター4：Penta Heathrow, THF Post House

8) ジャーナルは以下のとおりである。Interfaces, International Journal of Contemporary Hospitality Management, International Journal of Hospitality Management, Journal of Business Research, Journal of Hospitality and Leisure Marketing, Journal of Travel and Tourism Marketing, Journal of Travel Research, The Cornell Hotel and Restaurant Administration Quarterly, The Service Industries Journal, Tourism Management.
9) 本書でのホテル業態とは，第2章で記述したように，ホテル戦略群に該当する。詳しい内容については，第2章を参照してほしい。
10)「宿泊主体型」とは，客室数は中規模程度であるが，料飲，宴会などの付帯施設をなるべく抑えながら，余りのコストを客室品質の向上に注力したホテルである。特徴としては，容積重視の居住空間，職務機能の高度なIT化，気品あるデザインの導入，寛ぎと健康重視などを挙げられる(参考資料：『ホテレス(2003年6月4週号)』,『月刊ホテル旅館(2003年9月号)』,『月刊レジャー産業資料(2004年1月号，4月号)』)。
11) 他にも「セレスティンホテル」や「パークホテル東京」を挙げられるが，本研究では上記の2つの事例で留めたい。「ストリングスホテル東京」は2003年5月に開業し，標準客室は32.5㎡の面積と3mの天井高のダブルルームである。オフィスビルの27階から32階にかけて206室の規模であり，2カ所の料飲施設とビジネスセンター，フィットネスルームを設けている。「ロイヤルパーク汐留タワー」は2003年7月に開業し，標準客室は20.3㎡のシングルルームと25.9㎡のスタンダードツインルームであり，天井高はいずれも2.7mである。オフィスビルの26階から38階にかけて490室の規模であり，さらに38階はタワーフロアとして区別して3.2mの天井高のルームに無料朝食，マッサージチェア・ファクシミリなどの設備で一般階と差別化を図っている。付帯施設としては3カ所の料飲施設とテナントしたコンビニエンスストア，会議場，スパなどを設けている。
12) しかし，経営戦略は，企業が達成した成果の結果により，修正・変更される可能性があり，本章では，企業の成果との関係まで検証した訳ではなく，経営者の認識を把握したことに留まっている。従って，次の第4章で戦略樹立の方向性を表す戦略的志向性と企業の成果との関係を検証し，さらに，戦略群別の差を明らかにする。

第4章

ホテル戦略群別の戦略的志向性と企業の成果との関係

　第4章では，第2章と第3章での成果を踏まえた上で，戦略的志向性と新商品・サービス開発と企業の成果間の関係に対する研究モデルと研究仮説の検証のため，実証調査を実施し，分析を行う。

　戦略的志向性と企業の成果との関係，戦略群別の戦略的志向性の差異を検証することを調査目的とし，シティホテル（日本ホテル協会の加盟ホテル）と宿泊特化型ホテルの経営者・経営幹部を調査対象とした。分析手法としては共分散構造分析を用いて，戦略的志向性，新商品・サービス開発，企業の成果の3者間の構造的関係を明らかにする。

1　研究のデザイン

(1)　研究モデルの構築

　本節では，第2章の理論的考察に基づいて，市場志向性・学習志向性・起業家的志向性という3つの次元で説明される戦略的志向性と新商品・サービス開発と企業の成果間の関係に対する研究モデルと研究仮説を提示する。すなわち，戦略的志向性と新商品・サービス開発との因果関係，戦略的志向性と企業の成果との因果関係，新商品・サービス開発と企業の成果との因果関係について共分散構造分析を通じて検証する。また，新商品・サービス開発を媒介変数とし，戦略的志向性と企業の成果とのあいだでの間接的因果関係を検証する。

　このような分析は，戦略的志向性と新商品・サービス開発と企業の成果を一連のプロセスとして認識することを可能とし，この一連のプロセスの中に存在

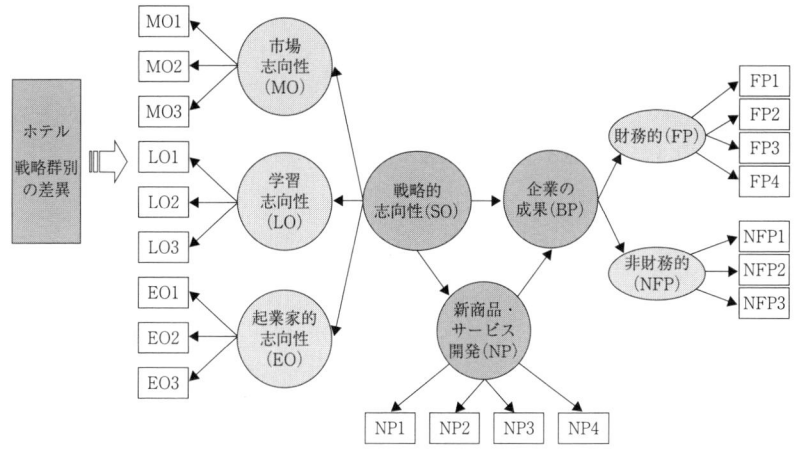

図 4-1　本書での検証モデル

するさまざまな概念間の複雑な関係をより明確化することが可能となる。

　さらに，上記の関係をホテル戦略群別に分けて検証することにより，ホテル戦略群別の戦略的志向性の差異を明らかにすることが可能となる。本書での研究モデルは図 4-1（図 2-12 と同様）のとおりである。

(2)　研究仮説の設定

1）戦略的志向性と新商品・サービス開発との関係

　第 2 章で説明したように，本書における戦略的志向性は，市場志向性・学習志向性，起業家的志向性という 3 つの下位次元によって構成される。そして，本書における新商品・サービス開発の概念は，前述のように既存研究での商品革新と同一の概念として認識する。

　戦略的志向性と新商品・サービス開発に関する既存研究の実証分析においては，戦略的志向性の下位次元と新商品・サービス開発のあいだの肯定的因果関係が示されている（Baker & Sinkula, 1999a, b；Gatignon & Xuereb, 1997；Han, Kim & Srivastava, 1998；Hurley & Hult, 1998；Slater & Narver, 1994, 1995）。

　まず，Slater & Narver（1994）は，新商品・サービスの成功における市場志

向性の肯定的効果を明らかにした。Han, Kim & Srivastava(1998)も市場志向性が組織の技術的革新の程度と肯定的関係にあることを主張した。

そして，Gatignon & Xuereb(1997)は，商品革新，商品類似性，商品優位，商品コストの4つの概念によって測定される商品開発と技術的志向性との関係についての実証分析を行い，技術的志向性が商品革新，商品優位，商品コストと肯定的な関係にあり，商品類似性とは否定的な関係にあることを明らかにした。

一方，ここでの技術的志向性は，既存研究の考察をみると，起業家的志向性の概念と同一の概念として見なすことができる。なぜならば，技術的志向性の概念として，積極的な先行性によって新たな技術確保の必要性を説明しているからである。

また，Hurley & Hult(1998)は，市場志向性と学習志向性を組織の革新活動の前提条件として，Baker & Sinkula(1999b)は，市場志向性と学習志向性を商品革新における核心的変数として取り上げた。彼らは，強い学習志向性，新しい技術や情報を統合する方法を提供した。

このように，Baker & Sinkula(1999b)の研究の結果，成功的な商品革新において，市場志向性と学習志向性が重要な変数としての役割を果たしているという既存研究(Baker & Sinkula, 1999a；Han, Kim & Srivastava, 1998；Hurley & Hult, 1998；Slater & Narver, 1995)の結果が強調された。

本書においては，以上の既存研究のレビューを踏まえ，戦略的志向性と新商品・サービス開発の関係について，以下の研究仮説を立てる。

◆ 研究仮説1：戦略的志向性と新商品・サービス開発のあいだには，肯定的な因果関係がある。

2）戦略的志向性と企業の成果との関係

第2章で説明したように，市場志向性が企業の成果と肯定的な関係にあることは，既存研究の実証分析によって確認されてきた(Baker & Sinkula, 1999a, b；

Farrell & Oczkowski, 2002 ; Han, Kim & Srivastava, 1998 ; Jaworski & Kohli, 1993 ; Narver & Slater, 1990)。また，学習志向性と企業の成果との関係(Baker & Sinkula, 1999a, b ; Farrell & Oczkowski, 2002 ; Hurley & Hult, 1998 ; Sinkula, Baker & Noodwier, 1997)，起業家的志向性と企業の成果との関係(Covin & Slevin, 1986, 1989 ; Lumpkin & Dess, 1996, 2001 ; Matsuno, Mentzer & Ozsomer, 2002 ; Miller, 1983)も実証分析によって確認されてきた。

特に，Hult & Ketchen Jr.(2001)は，このような個別的な戦略的志向性の次元を市場志向性と非市場志向性に分けて再区分して，企業の成果との関係を明らかにした。

また，既存研究の中では，戦略的志向性の下位次元と企業の成果との関係を説明するとともに，複数の戦略的志向性の下位次元間の影響関係についても言及している。

まず，Slater & Narver(1995)は，市場志向性は，革新的起業家精神，適切な組織構造，学習を図るプロセスによって補完されるべきだと強調した。また，Matsuno, Mentzer & Ozsomer(2002)は，起業家的特性と市場志向性との関係を説明し，両者の影響関係を検証した結果，起業家的特性と市場志向性は，相互補完的関係であり，両者とも企業の成果に影響を与えることを明らかにした。

一方，Baker & Sinkula(1999b)とFarrell & Oczkowski(2002)は，企業の成果に対する市場志向性と学習志向性の関係を説明すると同時に，2つの志向性間の関係に対しても説明した。この2つの研究は，市場志向性と学習志向性が相互補完的関係であることについては共通に認識したものの，2つの志向性における企業の成果に対する影響力の優先順位については対立的な結果が示された。

すなわち，Baker & Sinkula(1999b)は，市場志向性は市場情報プロセスの活動に影響を与える組織特性であることに対して，学習志向性は価値生成活動に影響を与える組織特性であると述べ，学習志向性の相対的重要性を強調した。

一方，Farrell & Oczkowski(2002)は，市場志向性が学習志向性と組織成果との調整役割を行うことを強調し，市場志向性が学習志向性より重要な変数で

あると主張した。

　本書では，以上の既存研究のレビューを踏まえ，戦略的志向性と企業の成果の関係について，以下の研究仮説を立てる。

◆　研究仮説2：戦略的志向性と企業の成果のあいだには，肯定的な因果関係がある。

3）新商品・サービス開発と企業の成果との関係

　競争者より速く，市場の求める新商品・サービス開発・提供できる企業は，競争優位を持ち，高い成果を上げることが可能となり，持続的な競争優位を保つためには新商品・サービス開発は非常に重要である（Danneels, 2002）。このような新商品・サービス開発に対する議論は，既存研究において活発に行われ，商品革新と併用されてきた（Baker & Sinkula, 1999b；Danneels, 2002）。

　本書では，新商品・サービス開発と企業の成果との肯定的な関係を提示したBaker & Sinkula（1999b）とHurley & Hult（1998）の研究に基づいて，商品革新の概念を含む新商品・サービス開発を戦略的志向性と企業の成果のあいだで調整役割を果たす媒介変数として取り上げる。

　本書では，以上の既存研究のレビューを踏まえ，新商品・サービス開発と企業の成果の関係について，以下の研究仮説を立てる。

◆　研究仮説3：新商品・サービス開発と企業の成果のあいだには，肯定的な因果関係がある。

4）ホテル戦略群別の戦略的志向性の差異

　第3章で記述したように，ホテル戦略群別のホテル構成要素，ホテル選択属性には差があり，各戦略群別の戦略樹立の方向性は異なる。従って，その戦略樹立の方向性を表す戦略的志向性も異なるといえる。

　本書では，戦略的志向性の下位次元として市場志向性，学習志向性，起業家

的志向性を取り上げ，戦略群別戦略的志向性を構成する3つの下位次元間の重要度も異なり，企業の成果と新商品・サービス開発への影響も異なると仮定する。

従って，本書では，第3章で検証した結果に基づいて以下の研究仮説を立てる。

◆ 研究仮説4：戦略的志向性と企業の成果との因果関係は，ホテル戦略群別に差異がある。

2 用語の操作的定義および測定項目[1]

研究モデルと研究仮説で提示した戦略的志向性，新商品・サービス開発，企業の成果との構造的関係を検証するために各概念の操作的定義とそれに基づいた測定項目の具体的な概要は以下のとおりである。

(1) 市場志向性の操作的定義および測定項目

市場志向性についての既存の3つのパターン(KJ系，NS系，DFW系)は，市場の概念に現在あるいは潜在的市場まで含むことと，顧客や競争者から得られる知識に基づく顧客価値の優位を強調する点など，共通点がある。そして，実際の測定項目の内容も類似している。

しかし，3つのパターンには，若干の差異がある。すなわち，KJ系の場合，顧客や競争者に対する情報に基づいた企業が行う市場情報の生成，拡散，対応というプロセスの概念として認識したのに対して，NS系とDFW系の場合は，市場内の行為主体に注目した。

以上の内容を踏まえ，本書においては，市場志向性の概念を組織内のプロセスとして理解し，KJ系の概念的体系に従って，市場志向性を顧客の現在・未来の欲求，それに影響を与える外生変数に対する情報の生成，拡散，対応の総称として捉え，「顧客中心の具体的な企業の活動やプロセスとしての認識」と操

作的に定義する。

このような操作的定義の下で，Jaworski & Kohli (1993) の研究は32項目を，Kohli, Jaworski & Kumar (1993) の研究と Baker & Sinkula (1999b) の研究は，それぞれ20項目を提示し，Matsuno, Mentzer & Ozsomer (2002) の研究は Jaworski & Kohli (1993) の研究に基づいて22項目を用いて実証分析を行った。

本書においては，既存研究で提示された測定項目をホテル産業に合わせて修正し，市場情報の生成，拡散，対応という3つの次元に対してそれぞれ5ずつ，全15項目を用いて測定する。

1）市場情報の生成

市場情報の生成とは，市場，顧客，競争者情報に対する重要性の認識と市場

表4-1　市場志向性の測定項目

測定変数	測定項目	
市場情報の生成	V1.	顧客により良質のサービスを提供するため，顧客のニーズを自社で調査している
	V2.	顧客のニーズを把握するため，公式的な満足度調査を行っている
	V3.	非公式的に業界情報を収集している
	V4.	定期的にホテルを取り巻く環境の変化が顧客に及ぼす影響を検討している
	V5.	取引パートナー（旅行会社，航空会社等）と定期的な会議を行っている
市場情報の拡散	V6.	定期的に市場の動向と開発について部署間会議を開催している
	V7.	マーケティング部門は他の部門と共に顧客のニーズについて検討している
	V8.	収集した情報（顧客満足など）は定期的にすべての部署に配布している
	V9.	商品・サービスの開発のため，マーケティング部門と他部門間には意思疎通が行われている
	V10.	ホテル内では情報共有のため，非公式的な会議を行っている
市場情報への対応	V11.	競合他ホテルが新商品・サービスを実施すると，それにすぐ対応している
	V12.	競合他ホテルの価格変化に対して迅速に対応している
	V13.	商品・サービスに対する顧客のニーズの変化に迅速に対応している
	V14.	顧客が商品・サービスの品質に対して不満足の場合，迅速に修正している
	V15.	商品・サービスの開発は，技術的進歩より市場情報に基づいて構成されている

調査活動の程度として説明される。測定項目は，顧客のニーズ，業界情報収集，ホテルを取り巻く環境の調査や取引パートナーとの情報交換などによって測定する(表4-1参照)。

2) 市場情報の拡散

市場情報の拡散とは，生成された市場情報の企業内での共有のためのコミュニケーションの手段および共有程度として説明される。測定項目は，部署間の会議開催の程度，部署間のコミュニケーション，部署内での情報の拡散程度などによって測定する(表4-1参照)。

3) 市場情報への対応

市場情報への対応とは，市場要求に対する重要性の認識および企業対応政策の積極性の程度として説明される。測定項目は，競合他ホテルの新商品・サービス，価格の変化，顧客ニーズの変化などへの対応などによって測定する(表4-1参照)。

(2) 学習志向性の操作的定義および測定項目

Sinkula, Baker & Noordwier(1997)が提示した学習志向性の3つの次元，学習へのコミットメント，ビジョンの共有，思考の開放性とそれぞれの測定項目は，多くの既存研究で用いられた。従って，本書においては，学習志向性を「知識を創造し，使用しようとする企業の業績に影響を与える組織的価値特性」と操作的定義する。

このような操作的定義の下で，Sinkula, Baker & Noordewier(1997)は11項目を，Baker & Sinkula(1999b)は18項目を提示した。Farrell & Oczkowski (2002)は，Baker & Sinkula(1999b)の研究に基づいて11項目を用いて実証分析を行った。

本書においては，既存研究で提示された測定項目をホテル産業に合わせて修正し，学習へのコミットメント，ビジョンの共有，思考の開放性という3つの

次元に対してそれぞれ5つずつ,全15項目を用いて測定する。

1) 学習へのコミットメント

学習へのコミットメントは,企業における学習の必要性およびその価値に対する認識の程度として説明される。測定項目は,持続的発展のための必須要素,競争優位の核心要素に対する認識の程度,成功要因・失敗要因に対する再検討などの項目を用いて測定する(表4-2参照)。

2) ビジョンの共有

ビジョンの共有は,企業の目標および方向に対する構成員の一体感の程度として説明される。測定項目は,目標および事業方向に関する明確なビジョン,ビジョンに対する構成員の同意,目標達成のための自分の役割についての認識程度などを用いて測定する(表4-2参照)。

表4-2 学習志向性の測定項目

測定変数	測定項目
学習への コミット メント	V16. 学習・教育をホテルの持続的発展のための必須要素として認識している V17. ホテル内での学習・教育は費用ではなく,投資として認識している V18. 学習・教育の中断はホテルの未来に危険を招くと認識している V19. 学習・教育を競争優位の核心要素として認識している V20. 過去の商品・サービスについての成功要因や失敗要因を再検討している
ビジョン の共有	V21. ホテル全体の目標に関する明確なビジョンがある V22. ホテル内で提示されたビジョンに対して各部署および構成員が同意している V23. 各部署の構成員は部署の事業方向について明確に認識している V24. 各構成員は目標を達成するための自分の役割について明確に認識している V25. 経営陣は各構成員がホテルのビジョンを共有する程度が高いと信じている
思考の開 放性	V26. 構成員の創造的思考の価値を高く認識している V27. 新たな提案に対して高く評価している V28. 経営陣は構成員の創意的思考を奨励している V29. 既存の経営方式に対する批判を謙虚に受容している V30. 構成員は既存の経営方式について自由に意見を述べることができる

3）思考の開放性

思考の開放性は，学習・教育に対する構成員の思考の柔軟性および受容の程度として説明される。測定項目は，創造的思考および新たな提案に対する認識，経営方式に対する批判の受容程度や自由に意見を述べられる程度などを用いて測定する（表4-2参照）。

(3) 起業家的志向性の操作的定義および測定項目

起業家的志向性に関する既存研究の実証分析においては，Miller (1983)が取り上げた革新性，危険追求性，先行性という3つの次元が多く用いられた。Lumpkin & Dess (1996, 2001)の研究は，既存の3つの次元のほかに，競争への積極性や自立性の新たな次元も導入した。起業家的志向性に関する既存研究に用いられた次元は数多く存在するが，多くの研究の共通点は，Millerの革新性，危険追求性，先行性の3つの次元を取り扱っていることである（表2-4参照）。

本書においては，Lee, Lee & Pennings (2001)，Matsuno, Mentzer & Ozsomer (2002)の研究に基づき，起業家的志向性を「市場参入に対する企業経営層の認識および特性」と操作的に定義する。

測定項目としては，Lee, Lee & Pennings (2001)の研究は6項目，Matsuno, Mentzer & Ozsomer (2002)の研究は7項目を提示した。さらに，Lumpkin & Dess (2001)の研究は，先行性と競争への積極性の2つ次元に対して5項目を用いて実証分析を行った。

本書においては，既存研究で提示された測定項目をホテル産業に合わせて修正を行い，革新性，危険追求性，先行性の3つの次元に対して3つあるいは4つの項目，全11項目を用いて測定する。

1）革新性

革新性は，新商品・サービス開発，技術進歩を導入する新しいアイディア，実験，創造プロセスを支援・導入する企業の傾向と説明される。測定項目は，新たな方案や新たなプロセスの導入，研究開発の成果や革新的アイディアの受

表 4-3　起業家的志向性の測定項目

測定変数	測　定　項　目
革新性	V31. 問題解決の際，既存の方法の改善より新たな方案を考えている
	V32. 既存の慣行より新たなプロセスの導入を重視している
	V33. 研究開発の成果を積極的に受容している
	V34. 革新的アイディア（運営プログラムなど）の創出を高く評価している
危険追求性	V35. 経営陣は安全性より成長性を追求している
	V36. 失敗による損失より成功による利益を強調している
	V37. 経営状況を改善するため，ある程度のリスクを冒すことがある
	V38. リスクがあっても，潜在的成長力があると判断される事業は積極的に推進している
先行性	V39. 新たな市場機会を得るために努力している
	V40. 業界内では競合他ホテルより先に新商品・サービスを提供する方である
	V41. 新たに出現する市場（例：団塊世代など）に対して肯定的に検討している

容などを用いて測定する（表4-3参照）。

2）危険追求性

　危険追求性は，経営陣が費用上失敗の危険性を冒しながら，機会に対して資源（人的・物的）を投入することができる程度として説明される。測定項目は，成長性の追求，成功による利益の強調，リスクを冒すことなどを用いて測定する（表4-3参照）

3）先行性

　先行性は，新しく登場した市場への期待や参加を通じて新しい機会を追求し，モチベーションを高めることとして説明される。測定項目は，市場機会を得るための努力，競争者より先に新商品・サービスの提供などを用いて測定する。

(4)　新商品・サービス開発の操作的定義と測定項目

　第2章で述べたように，本書においては，戦略的志向性と企業の成果とのあいだに媒介変数として新商品・サービス開発を挿入した。この新商品・サービ

ス開発は,組織内に存在する市場志向性,学習志向性,起業家的志向性から引き出される結果物と同時に,企業の財務的成果を直接誘発する影響変数と理解することが可能である。新商品・サービス開発に関する多くの研究は,その操作的定義と測定項目について,主な競争者と比べた相対的程度を導入している。従って,本書では,新商品・サービス開発を「最近3年間,主な競争相手と比較した新商品・サービス開発の相対的程度」と操作的に定義する。

測定項目に関しては,Baker & Sinkula(1999b)の研究は,商品差別化の程度,新商品紹介率,新商品成功率を提示しており,Kang(2002, 2003)は,マーケティング部署との協力,研究開発技術の優秀性,研究開発費の程度を,So & Choi(2000)は,商品差別化の程度,技術能力を取り上げた。

本書においては,既存研究で提示された測定項目をホテル産業に合わせて修正を行い,「新技術の導入の程度」,「商品・サービスの差別化の程度」,「市場への新商品・サービス開発の投入の程度」,「担当部門への人的資源の集中の程度」の4つの項目を用いて測定する。

(5) 企業の成果の操作的定義と測定項目

企業の経営成果を測定する際,伝統的な財務的経営成果指標だけではなく,非財務的経営成果指標の必要性が高まっている。本研究における企業の成果は,「戦略目標や市場,企業内外の環境と関連して行われた意思決定の結果」と操作的に定義し,Kaplan & Norton(1996)によるBalanced Score Card(BSC)に基づいて,財務的経営成果と非財務的経営成果指標に分けて測定する。

BSCは,財務的視点,顧客視点,内部ビジネスプロセス視点,学習・成長視点の4つの視点で構成される。財務的視点からは伝統的な財務的経営成果指標を用いて,財務的経営成果を測定し,財務的視点の他の3つの視点は非財務的経営成果指標を用いる(表4-4参照)。

1) 財務的経営成果指標

ホテル産業における財務的経営成果指標としては,売上高,経常利益,自己

表 4-4　企業の成果の測定項目

測定変数	測定項目	
財務的経営成果指標	売上高増加率，経常利益率，自己資本比率，客室稼働率	
非財務的経営成果指標	V1．リピーターの利用率が競合他ホテルより高い	顧客視点
	V2．顧客の不満の件数が減少している	
	V3．ホテルのイメージが向上している	
	V4．サービス満足度が高い	
	V5．従業員に対する教育訓練プログラムの活用度が高い	内部ビジネスプロセス視点
	V6．サービスマニュアルの活用度が高い	
	V7．最高経営者のリーダーシップが高い	
	V8．各部門間の協力がよく行われている	
	V9．新商品(サービス)の販売(提供)に積極的である	学習・成長視点
	V10．従業員の教育の質が競合他ホテルより高い	
	V11．従業員の1人当たりの労働生産性が高い	
	V12．革新的技術・サービスの導入に積極的である	

資本，RevPAR，客室稼働率などが挙げられるが，本書においては，売上高，経常利益，自己資本，客室稼働率の4つの変数の過去3年間の増加率を用いて測定する。

2) 非財務的経営成果指標

顧客視点，内部ビジネスプロセス視点，学習・成長視点の3つの視点の測定項目に関しては，既存研究から抽出した。Kim & Kim(2004)の研究と Lee & Jeon(2005)の研究に基づいて3つの視点それぞれ4項目，全12項目を用いて測定する(表4-4参照)。

3　調査の概要および分析の手順

(1) 調査の概要

本調査は，戦略的志向性と企業の成果との関係，ホテル戦略群別の戦略的志

表 4-5 調査の概要

- 調査目的：戦略的志向性と企業の成果との関係，ホテル戦略群別の戦略的志向性の差を検証
- 調査対象：ホテル経営者（支配人および経営幹部）
- 調査期間：2006.4.15～2006.5.6
- 回収サンプル：754部配布，170部回収
  （回収率22.5％，有効サンプル170部）
- 分析方法：因子分析，共分散構造分析など

向性の差を検証することを調査目的とし，ホテル経営者を対象として2006年4月15日から2006年5月6日にかけて実施した。送付した754部のうち170部を回収した（回収率22.5％，有効サンプル170部）。

質問紙は，人口統計的特性12項目，戦略的志向性に関する41項目，新商品・サービス開発に関する4項目，企業の成果に関する16項目で構成された。

(2) 人口統計的特性および分析の手順

1) 人口統計的特性

回収したホテルの概要をみると，シティホテルが67.6％，宿泊特化型ホテルが32.4％となった。ホテルの規模は，「101-199室」，「100室以下」，「200-299室」，「300室以上」の順であり，経営形態は「直営」が77.6％でもっとも多かった。顧客層は「兼観光」，「商用」，「観光」の順となり，従業員の割合はシティホテルが多かったため，「正社員＞非正社員」が最も多かった。客室稼働率は半分以上が71％以上であった。

回答者の人口統計的特性をみると，性別は「男性」が圧倒的に多く，年齢は「51-60歳」，「41-50歳」の順となり，最終学歴は「大学・大学院」がもっとも多かった。業界での経験年数は「26年以上」がもっとも多く，次いで「10年以下」，「16-20年」，「21-25年」の順となった。最後に職位は「支配人」が46.5％，「ミドル幹部」が38.2％であった。

表 4-6　人口統計的特性(N=170)

変数名	項目	度数	%	変数名	項目	度数	%
ホテル業態	シティホテル	115	67.6	性別	男	159	93.5
	宿泊特化型	55	32.4		女	11	6.5
ホテル規模	100室以下	46	27.1	年齢	30歳以下	6	3.5
	101〜199室	56	32.9		31〜40歳	21	12.4
	200〜299室	36	21.2		41〜50歳	65	38.2
	300室以上	32	18.8		51〜60歳	67	39.4
経営形態	直営	132	77.6		61歳以上	11	6.5
	FC	23	13.5	最終学歴	高校	29	17.1
	MC	8	4.7		専門学校・短期	19	11.2
	リース	6	3.5		大学・大学院	122	71.8
	リファーラル	1	0.6	業界での経験年数	10年以下	38	22.4
顧客層	商用	60	35.3		11〜15年	16	9.4
	観光	32	18.8		16〜20年	25	14.7
	兼観光	78	45.9		21〜25年	24	14.1
従業員の割合	正社員>非正社員	106	62.4		26年以上	67	39.4
	正社員=非正社員	9	5.3	職位	支配人	79	46.5
	正社員<非正社員	55	32.4		ミドル幹部	65	38.2
客室稼働率	50-60%	41	24.1		N/A	26	15.3
	61-70%	37	21.8				
	71-80%	44	25.9				
	81-90%	42	24.7				
	91%以上	6	3.5				

2）分析の手順

本調査は，戦略的志向性，新商品・サービス開発，企業の成果の3者の構造的関係を検証することが目的であるため，測定変数をいくつかのカテゴリにまとめる必要がある。そのため，因子分析を行い，抽出された因子を変数として使い，共分散構造分析を行う。

因子分析には，どのような因子が存在するかを探すことが目的である「探索的因子分析」と，取り出す因子を予め想定しておき，想定された因子で構成さ

図4-2 分析の流れ

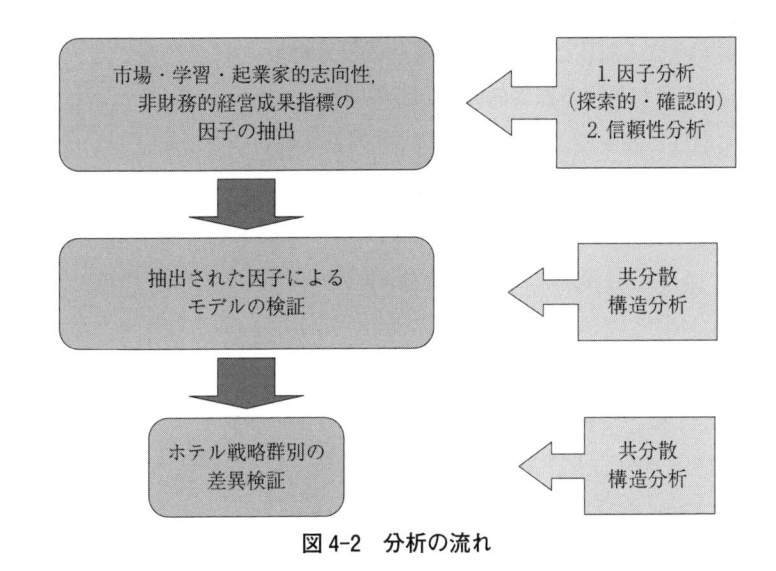

れるモデルが、データを十分説明しているかを検証することが主な目的である「確認的因子分析」がある。

　まず、本書では、同一項目(例えば、市場志向性に関する項目など)に対して「探索的因子分析」を行い、因子を抽出した上で、確認的因子分析を行って検証することにする。その理由は、共分散構造分析には「確認的因子分析」が含まれており、「探索的因子分析」によって抽出される因子を観測変数として使うため、予め検証してみる必要があるからである。探索的因子分析を行う際、信頼度と妥当性を検証するため信頼性分析を行う。

　そして、抽出された因子を観測変数として共分散構造分析を行い、戦略的志向性、新商品・サービス開発、企業の成果の3者の構造的関係を検証する。また、ホテル戦略群(ホテル業態)別の構造的関係の差異を検証する。分析の流れは図4-2のとおりである。

(3) 市場志向性に対する探索的・確認的因子分析
1) 市場志向性に対する探索的因子分析の結果

　市場志向性に関する15項目の中で，共通性が低い4つの項目（V2：顧客のニーズを把握するため，公式的な満足度調査を行っている，V6：定期的に市場の動向と開発について部署間会議を開催している，V8：収集した情報（顧客満足など）は定期的にすべての部署に配布している，V10：ホテル内では情報共有のため，非公式的な会議を行っている）を除いて，11項目を用いて探索的因子分析を行った結果，固有値1以上の3つの因子が抽出された。3つの因子による分散率は，66.856であり，強い説明力があるといえる。また，各因子に対する信頼度分析の結果，Cronbach's α 係数がすべて0.7以上であり，各因子の信頼度は高いといえる。

　第1因子は，「顧客ニーズへの対応（MO1）」と名付けてV1，V7，V9，V13，V14，V15の変数が含まれ，第2因子は，「情報の収集（MO2）」と名付けてV3，V4，V5の変数が含まれた。そして第3因子は，「競合ホテルへの対応（MO3）」と名付けてV11，V12の変数が含まれた（表4-7参照）。

表4-7　市場志向性に対する探索的因子分析の結果

因子	変数	因子負荷量	固有値	分散率
顧客ニーズへの対応（MO1）（α＝0.847）	顧客の不満足の場合，迅速に修正する	0.841	4.714	42.858
	顧客のニーズの変化に迅速に対応している	0.733		
	顧客のニーズを自社で調査している	0.701		
	マーケティング部門は他部門と共に顧客のニーズを検討	0.643		
	マーケティング部門と他部門間の活発な意思疎通	0.580		
	商品・サービスの開発は市場情報を基に構成されている	0.563		
情報の収集（MO2）（α＝0.782）	非公式的に業界情報を収集している	0.764	1.525	13.863
	定期的に環境の変化が顧客に及ぼす影響を検討	0.746		
	取引パートナーと定期的に会議を行っている	0.718		
競合ホテルへの対応（MO3）（α＝0.826）	競合他ホテルが新商品・サービスを実施すると，それにすぐ対応している	0.905	1.115	10.135
	競合他ホテルの価格変化に対して迅速に対応している	0.857		

抽出された因子は，既存研究においての因子分析の結果とは異なるが，その理由としては，研究対象の違いから起因したと考えられる(既存研究は一般の製造企業を対象としたことに対して，本書はホテル企業を対象とした)。

2) 市場志向性に対する確認的因子分析の結果

次いで，探索的因子分析の結果，抽出された因子に対して，確認的因子分析によって再検証を行った。その理由は前述したように，あとで行う共分散構造分析には「確認的因子分析」が含まれており，「探索的因子分析」によって抽出される因子を観測変数として使うからである。

Amosによる確認的因子分析の結果は，図4-3と表4-8のとおりである。各因子に対する変数の因果係数の検定統計量(CR)がすべて1.96(=Z(0.025))以上

表4-8 各経路に対する経路係数(非標準化係数・標準化係数)とモデル適合度(市場志向性)

経路	非標準化係数	標準化係数	検定統計量(CR)	有意確率
Q1-15 ← 因子1(MO1)	0.711	0.545	6.391	0.000
Q1-14 ← 因子1(MO1)	0.874	0.671	7.733	0.000
Q1-13 ← 因子1(MO1)	1.079	0.744	8.458	0.000
Q1-9 ← 因子1(MO1)	1.106	0.733	8.345	0.000
Q1-7 ← 因子1(MO1)	1.107	0.780	8.793	0.000
Q1-1 ← 因子1(MO1)	1.000	0.681	—	
Q1-3 ← 因子2(MO2)	1.000	0.632	—	
Q1-4 ← 因子2(MO2)	1.105	0.767	7.019	0.000
Q1-5 ← 因子2(MO2)	1.515	0.629	6.304	0.000
Q1-12 ← 因子3(MO3)	0.773	0.717	12.842	0.000
Q1-11 ← 因子3(MO3)	1.000	0.981	—	
因子1(MO1)⇔因子2(MO2)	0.426	0.754	5.033	0.000
因子2(MO2)⇔因子3(MO3)	0.378	0.453	4.198	0.000
因子1(MO1)⇔因子3(MO3)	0.405	0.459	4.621	0.000
χ^2値	自由度	χ^2値／自由度	GFI	AGFI	CFI	RMSEA
97.544	42	2.322	0.900	0.843	0.924	0.088

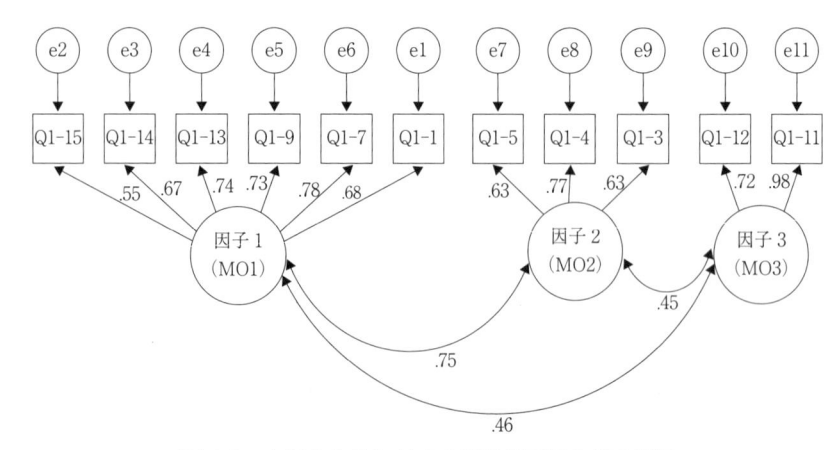

図 4-3 市場志向性に対する確認的因子分析の結果

と統計的に有意であり、モデル適合度は、GFI は 0.900、AGFI は 0.843 となり、両方とも 0.7 より高く、RMSEA は 0.088 となり、0.5 より低いので、モデル適合度は高いといえる。

(4) 学習志向性に対する探索的・確認的因子分析
1）学習志向性に対する探索的因子分析の結果

学習志向性に関する 15 項目を用いて探索的因子分析を行った結果、固有値 1 以上の 3 つの因子が抽出された。3 つの因子による分散率は、73.568 であり、強い説明力があるといえる。また、各因子に対する信頼度分析の結果、Cronbach's α 係数がすべて 0.7 以上であり、各因子の信頼度は高いといえる。

第 1 因子は、「ビジョンの共有(LO1)」と名付けて V21、V22、V23、V24、V25 の変数が含まれ、第 2 因子は、「思考の開放性(LO2)」と名付けて V26、V27、V28、V29、V30 の変数が含まれた。そして第 3 因子は、「学習へのコミットメント(LO3)」と名付けて V16、V17、V18、V19、V20 の変数が含まれた（表 4-9 参照）。抽出された因子は、既存研究においての因子分析の結果と同じであったので、既存研究においての因子名をそのまま名付けた。

表 4-9　学習志向性に対する探索的因子分析の結果

因子	変　　　数	因子負荷量	固有値	分散率
ビジョンの共有 （LO1） （α=0.932）	各部署の構成員は部署の事業方向について明確に認識している	0.898	7.669	51.129
	提示されたビジョンに対して各部署・構成員が同意している	0.859		
	各構成員は目標達成のため自分の役割を認識している	0.853		
	ホテル全体の目標に関する明確なビジョンがある	0.764		
	経営陣は各構成員がビジョンを共有する程度が高いと信じている	0.761		
思考の開放性 （LO2） （α=0.892）	新たな提案に対して高く評価している	0.812	2.008	13.390
	既存の経営方式に対する批判を謙虚に受容している	0.785		
	経営陣は構成員の創意的思考を奨励している	0.773		
	構成員は既存の経営方式について自由に意見を述べられる	0.748		
	構成員の創造的思考の価値を高く認識している	0.704		
学習へのコミットメント （LO3） （α=0.870）	学習・教育の中断はホテルの未来に危険を招くと認識している	0.886	1.357	9.049
	学習・教育を競争優位の核心要素として認識している	0.837		
	ホテル内での学習・教育は費用ではなく，投資として認識している	0.835		
	学習・教育を持続的発展のための必須要素として認識している	0.773		
	過去の商品・サービスについて成功・失敗要因を再検討している	0.451		

2）学習志向性に対する確認的因子分析の結果

　次いで，探索的因子分析の結果，抽出された因子に対して，確認的因子分析によって再検証を行った。その理由は前述したとおりである。Amosによる確認的因子分析の結果は，図4-4と表4-10のとおりである。

　各因子に対する変数の因果係数の検定統計量（CR）がすべて1.96（＝Z(0.025)）

表 4-10 各経路に対する経路係数（非標準化係数・標準化係数）とモデル適合度（学習志向性）

経　路			非標準化係数	標準化係数	検定統計量（CR）	有意確率
Q1-21	←	因子 1（LO1）	1.000	0.780	—	
Q1-22	←	因子 1（LO1）	1.181	0.865	12.674	0.000
Q1-23	←	因子 1（LO1）	1.332	0.912	13.601	0.000
Q1-24	←	因子 1（LO1）	1.347	0.922	13.786	0.000
Q1-25	←	因子 1（LO1）	1.322	0.814	11.706	0.000
Q1-26	←	因子 2（LO2）	1.000	0.780	—	
Q1-27	←	因子 2（LO2）	1.141	0.851	11.918	0.000
Q1-28	←	因子 2（LO2）	1.135	0.854	11.982	0.000
Q1-29	←	因子 2（LO2）	1.036	0.744	10.139	0.000
Q1-30	←	因子 2（LO2）	1.073	0.726	9.852	0.000
Q1-16	←	因子 3（LO3）	1.000	0.801	—	
Q1-17	←	因子 3（LO3）	1.235	0.819	11.753	0.000
Q1-18	←	因子 3（LO3）	1.273	0.863	12.556	0.000
Q1-19	←	因子 3（LO3）	1.284	0.839	12.124	0.000
Q1-20	←	因子 3（LO3）	0.688	0.496	6.467	0.000
因子 1（LO1）⇔因子 2（LO2）			0.392	0.662	5.864	0.000
因子 2（LO2）⇔因子 3（LO3）			0.362	0.567	5.329	0.000
因子 1（LO1）⇔因子 3（LO3）			0.261	0.462	4.705	0.000

χ^2 値	自由度	χ^2 値／自由度	GFI	AGFI	CFI	RMSEA
273.467	87	3.143	0.829	0.764	0.903	0.031

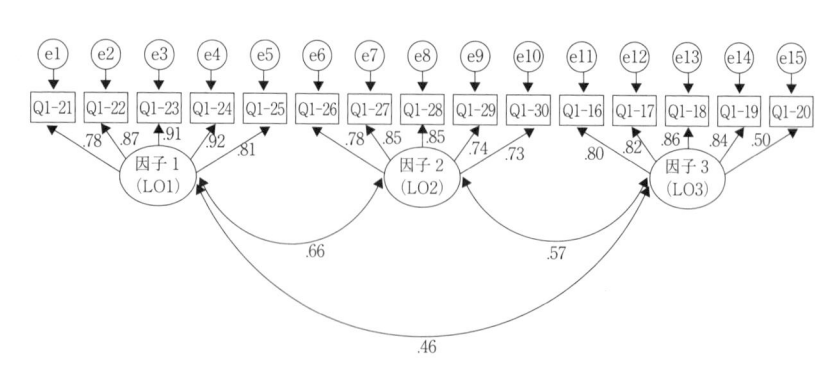

図 4-4　学習志向性に対する確認的因子分析の結果

以上で統計的に有意であり、モデル適合度は、GFI は 0.829、AGFI は 0.764 となり、両方とも 0.7 より高く、RMSEA は 0.031 と 0.1 より低いので、モデル適合度は高いといえる。

(5) 起業家的志向性に対する探索的・確認的因子分析
1) 起業家的志向性に対する探索的因子分析の結果

　起業家的志向性に関する 11 項目の中で、共通性が低い 3 つの項目(V39：新たな市場機会を得るために努力している、V40：業界内では競合他ホテルより先に新商品・サービスを提供する方である、V41：新たに出現する市場[例：団塊世代など]に対して肯定的に検討している)を除いて、8 項目を用いて探索的因子分析を行った結果、固有値 1 以上の 2 つの因子が抽出された。2 つの因子による分散率は、68.242 であり、強い説明力があるといえる。また、各因子に対する信頼度分析の結果、Cronbach's α 係数がすべて 0.7 以上であり、各因子の信頼度は高いといえる。

　第 1 因子は、「革新性(EO1)」と名付けて V31、V32、V33、V34 の変数が含まれ、第 2 因子は、「危険追求性(EO2)」と名付けて V35、V36、V37、V38 の変数が含

表4-11　起業家的志向性に対する探索的因子分析の結果

因子	変数	因子負荷量	固有値	分散率
革新性 (EO1) ($\alpha=0.883$)	研究開発の成果を積極的に受容している	0.870	3.653	45.668
	既存の慣行より新たなプロセスの導入を重視する	0.862		
	問題解決の際、既存の方法の改善より新たな方案を考えている	0.838		
	革新的アイディアの創出を高く評価している	0.823		
危険追求性 (EO2) ($\alpha=0.785$)	経営状況を改善するため、ある程度のリスクを冒すことがある	0.818	1.806	22.574
	失敗による損失より成功による利益を強調している	0.795		
	経営陣は安全性より成長性を追求している	0.751		
	リスクがあっても、潜在的成長力があると判断される事業は積極的に推進している	0.706		

まれた(表4-11参照)。抽出された因子は，既存研究においての因子分析の結果と同じであったので，既存研究における因子名をそのまま名付けた。

2) 起業家的志向性に対する確認的因子分析の結果

次いで，探索的因子分析の結果，抽出された因子に対して，確認的因子分析

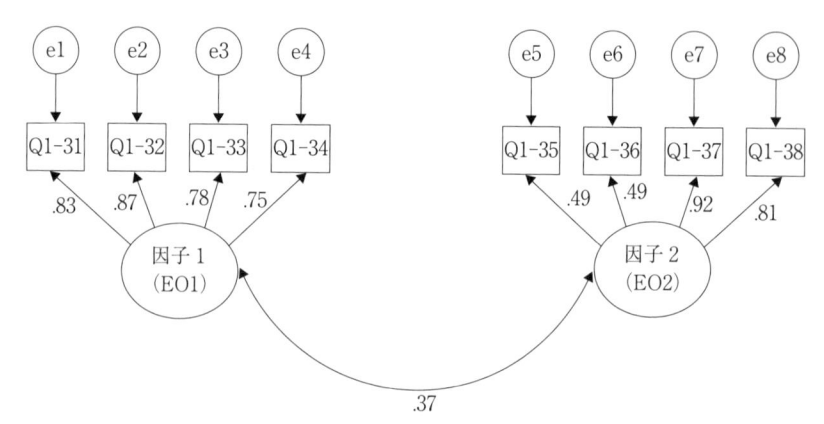

図4-5 起業家的志向性に対する確認的因子分析の結果

表4-12 各経路に対する経路係数(非標準化係数・標準化係数)とモデル適合度(起業家的志向性)

経　　路			非標準化係数	標準化係数	検定統計量(CR)	有意確率
Q1-31	←	因子1(EO1)	1.000	0.826	—	
Q1-32	←	因子1(EO1)	1.035	0.870	12.713	0.000
Q1-33	←	因子1(EO1)	1.030	0.784	11.261	0.000
Q1-34	←	因子1(EO1)	0.917	0.750	10.622	0.000
Q1-35	←	因子2(EO2)	1.000	0.488	—	
Q1-36	←	因子2(EO2)	0.883	0.491	4.837	0.000
Q1-37	←	因子2(EO2)	1.686	0.917	6.231	0.000
Q1-38	←	因子2(EO2)	1.455	0.808	6.249	0.000
因子1(EO1)⇔因子2(EO2)			0.231	0.373	3.446	0.000
χ^2値	自由度	χ^2値／自由度	GFI	AGFI	CFI	RMSEA
150.740	19	7.934	0.821	0.760	0.816	0.023

によって再検証を行った。その理由は前述したとおりである。Amos による確認的因子分析の結果は，図4-5と表4-12のとおりである。

各因子に対する変数の因果係数の検定統計量(CR)がすべて1.96(=Z(0.025))以上で統計的に有意であり，モデル適合度は，GFI は 0.821，AGFI は 0.760 となり，両方とも 0.7 より高く，RMSEA は 0.023 となり，0.1 より低いので，モデル適合度は高いといえる。

(6) 非財務的経営成果指標に対する探索的・確認的因子分析
1) 非財務的経営成果指標に対する探索的因子分析の結果

非財務的経営成果指標に関する12項目の中で，共通性が低い1項目(V11：従業員の1人当たりの労働生産性が高い)を除いて，11項目を用いて探索的因子分析を行った結果，固有値1以上の2つの因子が抽出された。2つの因子による分散率は，64.587 であり，強い説明力があるといえる。また，各因子に対する信頼度分析の結果，Cronbach's α 係数がすべて 0.7 以上であり，各因子の信頼度は高いといえる。

第1因子は，「内部学習・成長(IL)」と名付けて V5，V6，V7，V8，V9，V10，

表4-13 非財務的経営成果指標に対する探索的因子分析の結果

因子	変数	因子負荷量	固有値	分散率
内部学習・成長(IL) (α=0.911)	従業員に対する教育訓練プログラムの活用度が高い	0.834	5.904	53.671
	サービスマニュアルの活用度が高い	0.813		
	従業員の教育の質が競合他ホテルより高い	0.760		
	革新的技術・サービスの導入に積極的である	0.759		
	各部門間の協力がよく行われている	0.738		
	新商品(サービス)の販売(提供)に積極的である	0.722		
	最高経営者のリーダーシップが高い	0.722		
顧客満足(CS) (α=0.780)	サービス満足度が高い	0.780	1.201	10.916
	ホテルのイメージが向上している	0.776		
	リピーターの利用率が競合他ホテルより高い	0.702		
	顧客の不満の件数が減少している	0.673		

V12 の変数が含まれ，第2因子は，「顧客満足(CS)」と名付けて V1，V2，V3，V4 の変数が含まれた(表4-13 参照)。非財務的経営成果指標は，顧客，内部ビジネスプロセス，学習・成長の3つ視点に分けて測定したが，顧客と内部ビジネスプロセスと学習・成長が合わせて一つの因子となり，もう一つは顧客満足となった。従って上記のように因子名を名付けた。

2）非財務的経営成果指標に対する確認的因子分析の結果

次いで，探索的因子分析の結果，抽出された因子に対して確認的因子分析によって再検証を行った。その理由は前述したとおりである。Amos による確認的因子分析の結果は，図4-6 と表4-14 のとおりである。

各因子に対する変数の因果係数の検定統計量(CR)がすべて 1.96 (= Z (0.025)) 以上で統計的に有意であり，モデル適合度は，GFI が 0.897，AGFI が 0.842，両方とも 0.7 より高く，RMSEA は 0.087 と 0.1 より低いので，モデル適合度は

表4-14 各経路に対する経路係数(非標準化係数・標準化係数)とモデル適合度(非財務的経営成果指標)

経　路			非標準化係数	標準化係数	検定統計量(CR)	有意確率
Q4-5	←	因子1(IL)	1.000	0.832	—	
Q4-6	←	因子1(IL)	0.960	0.796	12.138	0.000
Q4-7	←	因子1(IL)	0.849	0.668	9.527	0.000
Q4-8	←	因子1(IL)	0.843	0.744	11.013	0.000
Q4-9	←	因子1(IL)	0.815	0.779	11.747	0.000
Q4-10	←	因子1(IL)	1.029	0.883	12.994	0.000
Q4-12	←	因子2(IL)	0.848	0.757	11.286	0.000
Q4-1	←	因子2(CS)	1.000	0.554	—	
Q4-2	←	因子1(CS)	1.047	0.586	5.936	0.000
Q4-3	←	因子1(CS)	1.339	0.749	6.920	0.000
Q4-4	←	因子2(CS)	1.445	0.905	7.399	0.000
因子1(IL)⇔因子2(CS)			0.440	0.727	5.184	0.000
χ^2 値	自由度	χ^2 値／自由度	GFI	AGFI	CFI	RMSEA
97.918	43	2.277	0.897	0.842	0.947	0.087

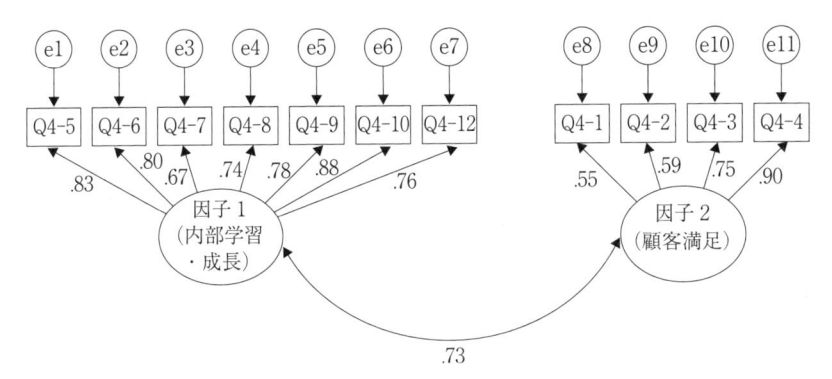

図4-6　非財務的経営成果指標に対する確認的因子分析

高いといえる。

4 戦略的志向性，新商品・サービス開発，企業の成果との構造的関係

　本書においては，戦略的志向性，新商品・サービス開発，企業の成果の3者の構造関係の検証を試みる。分析手法としては共分散構造分析(CSA：Covariance Structure Analysis)を用いる。

　共分散構造分析とは，直接観測できない潜在変数を導入し，その潜在変数と観測変数のあいだの因果関係を同定することにより，社会現象や自然現象を理解するための統計的アプローチである(狩野，1997)。共分散構造分析は，従来の因子分析(探索的因子分析)に対して提唱された「確認的因子分析」が発展したもので，因子分析と回帰分析を統合的・検証的に行うものであると考えることができる。近年では，共分散構造分析だけではなく，潜在変数の平均構造を解析するモデルも開発されたことから，構造方程式モデル(SEM：Structural Equation Models)とも呼ばれる。

　Anderson & Gerbing(1988)は，構造方程式モデルを検証する際，2段階のステップを語った。すなわち，構造方程式モデルを検証するための最初の段階

は，確認的因子分析を用いて測定変数を評価することである。探索的因子分析の結果に基づいて，確認的因子分析を行うことによって測定変数の妥当性が検証される。その結果に基づいて検証モデルへの受容を決定する。そして，次の段階では，測定変数と潜在変数をすべて含む検証モデル（研究モデル）の構造方程式モデルの検証である。

検証モデルの適合度に関しては，一般的に χ^2 検定を使って評価する。χ^2 検定は，モデルがデータと適合しているかを確認できる（モデルとデータの適合性が高いと χ^2 統計量は 0 に近づく）指標であり，有意確率が 0.05 以上であればモデルがデータと一致していると判断する。しかし，χ^2 検定が標本の大きさにかなり左右されやすく，標本数が大きくなると χ^2 検定にはモデルの適合性を統計的に判断できるという利点があるものの，標本数が少ない場合は不適切なモデルであっても棄却できないということが起こる。このような問題点を克服するためにさまざまな代案的指標が開発された。代案的指標としては，GFI，AGFI，CFI，NFI，NNFI，RMSEA などがある。

本書においては，χ^2 検定統計量を含め，以下の指標を用いて研究モデルの適合度を評価する。

- GFI（Goodness of Fit Index）：基礎適合度指標，この値は 0～1 の範囲をとり，1 に近いほど，適合度が高い。
- AGFI（Adjusted Goodness of Fit Index）：修正適合度指標，GFI を修正した値であり，GFI と同様に 1 に近いほど適合度が高い。
- CFI（Comparative Fit of Index）：比較適合度指標，この値は 0～1 の範囲をとり，1 に近いほど，適合度が高い。
- RMSEA（Root Mean Square Error of Approximation）：平均二乗誤差平方根，モデルの分布と真の分布との乖離をモデルの複雑性を考慮に入れて示した指標である。この値が 0.05 未満の場合，モデルのあてはまりが良いと判断し，値が 0.1 以上のモデルは適合性が低いため，モデルの採択ができない。

(1) 研究モデルの分析（共分散構造分析の結果）

1）研究モデルの解析

　前節で行った探索的・確認的因子分析（市場志向性，学習志向性，起業家的志向性，非財務的経営成果指標）の結果に基づき，戦略的志向性，新商品・サービス開発，企業の成果を含む研究モデルの検証を行った。Amos（共分散構造分析用統計プログラム）を用いて分析した結果は図4-7と表4-15のとおりである。

　モデルの適合度をみると，χ^2値（CMIN）は184.269，自由度（DF）は127であり，CMIN/DF（1に近いほどあてはまりが良い）は1.451と低い。そして，GFIは0.898，AGFIは0.863，CFIは0.962，RMSEAは0.052となった。従って，この研究モデルの適合度は高いといえる。

　戦略的志向性は，市場志向性，学習志向性，起業家的志向性の3つの下位次元によって構成され，それぞれ新商品・サービス開発，企業の成果と肯定的な因果関係にあることが明らかになった。より詳しく分析すると以下のとおりで

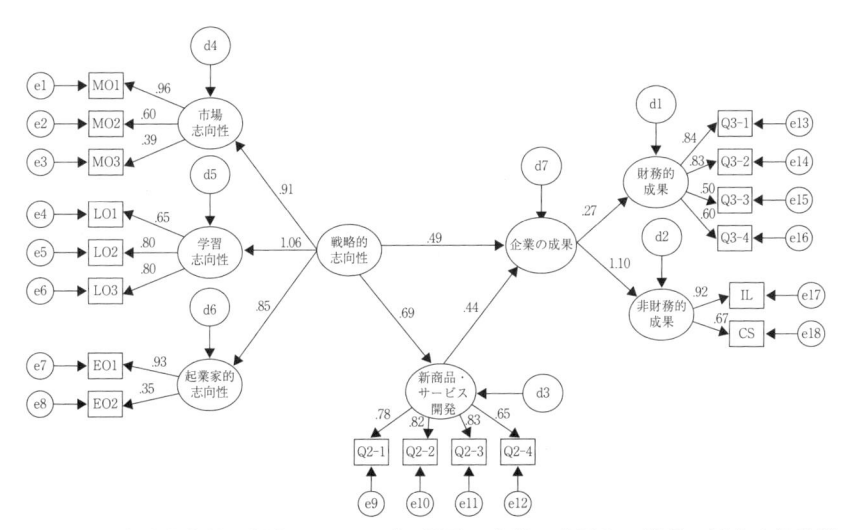

図4-7　戦略的志向性，新商品・サービス開発，企業の成果との関係に対する共分散構造分析の結果

表 4-15 各経路に対する経路係数およびモデル適合度（研究モデル）

経　路	非標準化係数	標準化係数	検定統計量(CR)	有意確率
新商品・サービス開発 ← 戦略的志向性	1.528	0.693	4.444	0.000
企業の成果 ← 戦略的志向性	0.489	0.477	2.235	0.025
企業の成果 ← 新商品・サービス開発	0.204	0.438	2.433	0.015
学習志向性 ← 戦略的志向性	2.042	1.055	4.832	0.000
市場志向性 ← 戦略的志向性	1.000	0.905	—	
起業家的志向性 ← 戦略的志向性	0.758	0.852	3.070	0.002
財務的成果 ← 企業の成果	1.000	0.267	—	
非財務的成果 ← 企業の成果	2.439	1.099	2.663	0.008
MO3 ← 市場志向性	1.000	0.386	—	
MO2 ← 市場志向性	1.481	0.595	4.567	0.000
MO1 ← 市場志向性	1.833	0.955	5.072	0.000
LO3 ← 学習志向性	1.000	0.797	—	
LO2 ← 学習志向性	0.998	0.800	11.981	0.000
LO1 ← 学習志向性	0.778	0.648	9.139	0.000
EO2 ← 起業家的志向性	1.000	0.347	—	
EO1 ← 起業家的志向性	2.642	0.934	3.912	0.000
Q2-1 ← 新商品・サービス開発	0.998	0.780	11.276	0.000
Q2-2 ← 新商品・サービス開発	0.949	0.820	12.038	0.000
Q2-3 ← 新商品・サービス開発	1.000	0.833		
Q2-4 ← 新商品・サービス開発	0.802	0.649	8.912	0.000
Q3-1 ← 財務的成果	1.000	0.835	—	
Q3-2 ← 財務的成果	0.963	0.826	9.661	0.000
Q3-3 ← 財務的成果	0.365	0.499	6.170	0.000
Q3-4 ← 財務的成果	0.635	0.605	7.589	0.000
IL ← 非財務的成果	1.000	0.918	—	
CS ← 非財務的成果	0.619	0.667	9.799	0.000
χ^2値	自由度	χ^2値／自由度	GFI	AGFI	CFI	RMSEA
184.269	127	1.451	0.898	0.863	0.962	0.052

ある。

　戦略的志向性の3つの下位次元の因果係数を比較してみると，市場志向性は

0.91，学習志向性は1.06，起業家的志向性は0.85となり，3つの下位次元の中，学習志向性の因果係数がもっとも高かった。このことは，ホテル経営者は戦略的志向性の下位次元の中で，学習志向性をもっとも重視していることを示唆する。

次いで，戦略的志向性が企業の成果に与える影響は，直接効果（影響）と新商品・サービス開発を経由する間接効果（影響）とに分けることができる。直接効果と間接効果を合わせた効果を総合効果と呼ぶ。まず，直接効果は0.49であり，間接効果（戦略的志向性→新商品・サービス開発(0.69)×新商品・サービス開発→企業の成果(0.44)）は0.30となった。従って，総合効果（直接効果＋間接効果）は0.79となった。戦略的志向性が企業の成果に与える影響は，新商品・サービス開発を経由して与える影響より，直接に企業の成果に与える影響が大きいことが分かった。

企業の成果は，財務的経営成果と非財務的経営成果で構成され，財務的経営成果より非財務的経営成果の因果係数が高かった。

(2) 研究仮説の検証

本書においては，戦略的志向性，新商品・サービス開発，企業の成果の各構成概念の因果関係を研究仮説として設定した。研究仮説の検証は各構成概念間の因果係数（経路係数）によって検証される。この因果係数（経路係数）の統計的有意水準は，検定統計量(CR)によって確認できる。すなわち，検定統計量(CR)が5％有意水準のt値である1.96を基準として研究仮説の採択，あるいは棄却を決定する。検定統計量(CR)が1.96以上であれば，研究仮説が採択できる。

1）研究仮説1の検証結果

研究仮説1は，戦略的志向性が新商品・サービス開発に及ぼす影響を検証するものであり，以下のとおり設定した。

◆研究仮説1：戦略的志向性と新商品・サービス開発のあいだには，肯定的

な因果関係がある。

検証結果,戦略的志向性が新商品・サービス開発に及ぼす影響の程度は0.69となった。検定統計量は4.444であり,5％有意水準で統計的に有意である(表4-16参照)。従って,研究仮説1は採択された。

2)研究仮説2の検証結果

研究仮説2は,戦略的志向性が企業の成果に及ぼす影響を検証するものであり,以下のとおり設定した。

◆研究仮説2：戦略的志向性と企業の成果のあいだには,肯定的な因果関係がある。

検証結果,戦略的志向性が企業の成果に及ぼす影響の程度は0.48となった。検定統計量は2.235であり,5％有意水準で統計的に有意である(表4-16参照)。従って,研究仮説2は採択された。

3)研究仮説3の検証結果

研究仮説3は,新商品・サービス開発が企業の成果に及ぼす影響を検証する

表4-16　研究仮説の検証結果

経　路	非標準化係数	標準化係数	検定統計量(CR)	採択可否
研究仮説1： 新商品・サービス開発 ← 戦略的志向性	1.528	0.693	4.444	採択
研究仮説2： 企業の成果 ← 戦略的志向性	0.489	0.477	2.235	採択
研究仮説3： 企業の成果 ← 新商品・サービス開発	0.204	0.438	2.433	採択

ものであり，以下のとおり設定した。

　◆研究仮説3：新商品・サービス開発と企業の成果のあいだには，肯定的な
　　　　　　　因果関係がある。

　検証結果，新商品・サービス開発が企業の成果に及ぼす影響の程度は0.44
となった。検定統計量は2.433であり，5％有意水準で統計的に有意である（表
4-16参照）。従って，研究仮説3は採択された。

(3) ホテル戦略群別の戦略的志向性の差異（研究仮説4）
1）経路係数およびモデルの適合度
　ホテル戦略群別の戦略的志向性と企業の成果への影響の差異を検証するため，
回収したサンプルをシティホテル（モデル1）と宿泊特化型ホテル（モデル2）に
分け，共分散構造分析の多母集団同時分析を行った。ホテル戦略群別に戦略的
志向性の下位次元である市場志向性，学習志向性，起業家的志向性の因果係数
（経路係数）と企業の成果の因果係数を比較することによって研究仮説を検証す
る。

　◆研究仮説4：戦略的志向性と企業の成果との因果関係は，ホテル戦略群別
　　　　　　　に差異がある。

　検証結果は図4-8，図4-9のとおりである。また，ホテル戦略群別の各経路
に対する経路係数は表4-17，表4-18のとおりである。
　まず，経路係数に関しては，モデル1とモデル2ともに，各経路係数の検定
統計量が1.96以上であり，5％の有意水準で統計的に有意である。モデルの
適合度をみると，χ^2値(CMIN)は399.303，自由度(DF)は267であり，
CMIN/DF（1に近いほどあてはまりが良い）は1.496と低い。そして，GFIは
0.816，AGFIは0.764，CFIは0.917，RMSEAは0.054となった。従って，モ

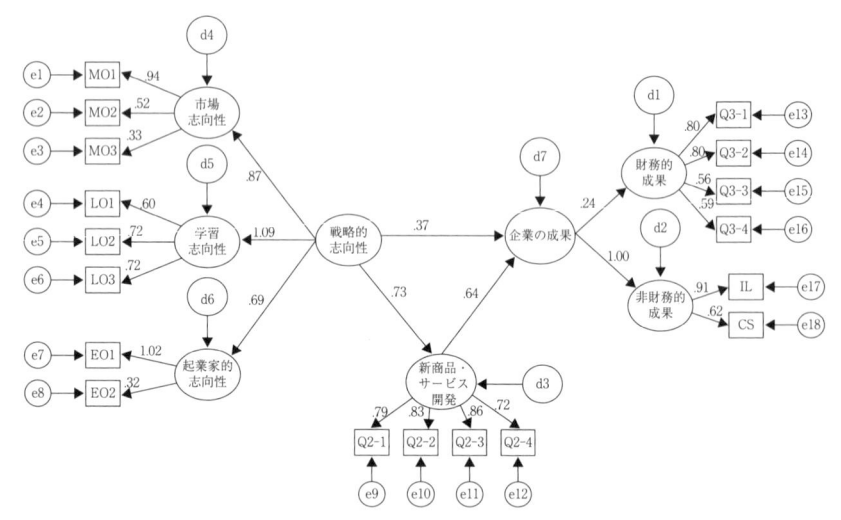

図 4-8　シティホテルの共分散構造分析の結果（モデル 1）

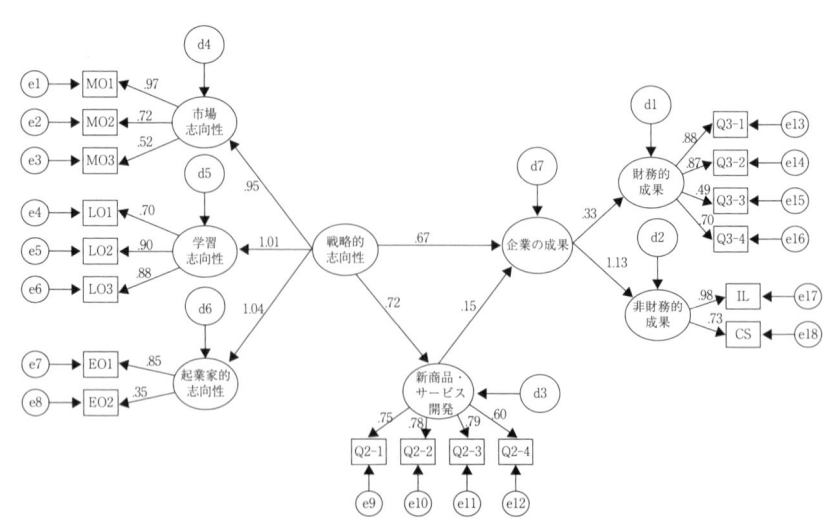

図 4-9　宿泊特化型ホテルの共分散構造分析の結果（モデル 2）

表4-17 シティホテルの各経路に対する経路係数(モデル1)

経 路	非標準化係数	標準化係数	検定統計量(CR)	有意確率
新商品・サービス開発 ← 戦略的志向性	1.938	0.734	4.494	0.000
企業の成果 ← 戦略的志向性	0.374	0.369	2.071	0.038
企業の成果 ← 新商品・サービス開発	0.247	0.643	2.560	0.010
学習志向性 ← 戦略的志向性	2.020	1.093	4.890	0.000
市場志向性 ← 戦略的志向性	1.000	0.874	—	
起業家的志向性 ← 戦略的志向性	0.661	0.687	2.835	0.005
財務的成果 ← 企業の成果	1.000	0.238	—	
非財務的成果 ← 企業の成果	2.404	0.995	2.789	0.005
MO3 ← 市場志向性	1.000	0.332	—	
MO2 ← 市場志向性	1.421	0.516	4.882	0.000
MO1 ← 市場志向性	1.777	0.944	5.461	0.000
LO3 ← 学習志向性	1.000	0.717	—	
LO2 ← 学習志向性	1.006	0.722	12.595	0.000
LO1 ← 学習志向性	0.976	0.600	9.008	0.000
EO2 ← 起業家的志向性	1.000	0.321	—	
EO1 ← 起業家的志向性	2.783	1.023	3.612	0.000
Q2-1 ← 新商品・サービス開発	0.963	0.786	11.503	0.000
Q2-2 ← 新商品・サービス開発	0.920	0.831	12.412	0.000
Q2-3 ← 新商品・サービス開発	1.000	0.863	—	
Q2-4 ← 新商品・サービス開発	0.815	0.716	9.782	0.000
Q3-1 ← 財務的成果	1.000	0.801	—	
Q3-2 ← 財務的成果	0.976	0.803	10.159	0.000
Q3-3 ← 財務的成果	0.397	0.556	6.608	0.000
Q3-4 ← 財務的成果	0.663	0.590	8.086	0.000
IL ← 非財務的成果	1.000	0.910	—	
CS ← 非財務的成果	0.597	0.618	9.817	0.000

表 4-18 宿泊特化型ホテルの各経路に対する経路係数（モデル 2）

経　　路	非標準化係数	標準化係数	検定統計量（CR）	有意確率
新商品・サービス開発 ← 戦略的志向性	1.184	0.720	3.998	0.000
企業の成果 ← 戦略的志向性	0.650	0.669	2.276	0.023
企業の成果 ← 新商品・サービス開発	0.288	0.149	2.195	0.032
学習志向性 ← 戦略的志向性	1.887	1.012	5.042	0.000
市場志向性 ← 戦略的志向性	1.000	0.949	―	
起業家的志向性 ← 戦略的志向性	0.688	1.043	3.024	0.002
財務的成果 ← 企業の成果	1.000	0.325	―	
非財務的成果 ← 企業の成果	2.404	1.125	2.789	0.005
MO3 ← 市場志向性	1.000	0.518	―	
MO2 ← 市場志向性	1.421	0.723	4.882	0.000
MO1 ← 市場志向性	1.777	0.965	5.461	0.000
LO3 ← 学習志向性	1.000	0.883	―	
LO2 ← 学習志向性	1.006	0.898	12.595	0.000
LO1 ← 学習志向性	0.767	0.700	9.008	0.000
EO2 ← 起業家的志向性	1.000	0.349	―	
EO1 ← 起業家的志向性	2.783	0.846	3.612	0.000
Q2-1 ← 新商品・サービス開発	0.963	0.754	11.503	0.000
Q2-2 ← 新商品・サービス開発	0.920	0.784	12.412	0.000
Q2-3 ← 新商品・サービス開発	1.000	0.790	―	
Q2-4 ← 新商品・サービス開発	0.815	0.603	9.782	0.000
Q3-1 ← 財務的成果	1.000	0.881	―	
Q3-2 ← 財務的成果	0.976	0.865	10.159	0.000
Q3-3 ← 財務的成果	0.397	0.486	6.608	0.000
Q3-4 ← 財務的成果	0.663	0.698	8.086	0.000
IL ← 非財務的成果	1.000	0.984	―	
CS ← 非財務的成果	0.597	0.726	9.817	0.000

デルの適合度は高いといえる。

2）戦略的志向性の下位次元の差異

戦略的志向性の下位次元の因果係数(経路係数)を比べてみると，シティホテルの場合は，学習志向性(1.093)がもっとも高く，次いで市場志向性(0.874)，起業家的志向性(0.687)の順となった。宿泊特化型ホテルの場合は，起業家的志向性(1.043)がもっとも高く，次いで学習志向性(1.012)，市場志向性(0.949)の順となった。従って，戦略的志向性の下位次元に対してシティホテルの経営者は学習志向性をもっとも重視しており，宿泊特化型ホテルの経営者は起業家的志向性をもっとも重視していることが明らかになった。

その理由としては，第3章で行った消費者におけるホテル選択属性の重要度分析の結果から考えることができる。すなわち，シティホテルの場合は"口コミ"の効用値が高いことから，顧客を満足させるためにサービスの向上が必要であり，そのために従業員に対する学習へのコミットメント，ビジョンの共有，思考の開放性といった学習志向性を重視していると考えられる。一方，宿泊特化型ホテルの場合は，"ブランド・名声"の効用値が高いことから，チェーン展開などによってホテルに対する安心感を高める必要性，また既存のホテル（シティホテルなど）が提供する商品・サービスとは異なる革新的な商品・サービスを提供しているので，その際に必要な革新性，危険追求性といった起業家的志向性を重視していると考えられる。

3）企業の成果の差異

企業の成果に関しては，シティホテルの場合，戦略的志向性が企業の成果に及ぼす総合効果(影響)は 0.84（直接効果(0.37) + 間接効果(0.47) = 0.84），宿泊特化型ホテルの場合は 0.78（直接効果(0.67) + 間接効果(0.11) = 0.78）となり，シティホテルのほうが高いことがわかった。

さらに詳しくみると，シティホテルの場合は，直接効果より間接効果が高く，宿泊特化型ホテルは直接効果が高かった。その理由としては，シティホテルの

表4-19 ホテル戦略群別の戦略的志向性,企業の成果の比較

		シティホテル		宿泊特化型ホテル	
戦略的志向性	市場志向性	0.87		0.95	
	学習志向性	1.09		1.01	
	起業家的志向性	0.69		1.04	
企業の成果	直接効果	0.37	0.84	0.67	0.78
	間接効果	0.47		0.11	

場合は,提供する商品・サービスの多様性から新商品・サービスの企画がより多様であり,宿泊特化型ホテルの場合は,提供する商品・サービスが限定されているので新商品・サービスの企画の多様性も比較的に限られていることが考えられる。また,新商品・サービス開発から企業の成果への因果係数を比較してみると,シティホテル(0.64)が宿泊特化型ホテル(0.15)より高いことが明らかになった。

以上の分析結果から,ホテル戦略群別の戦略的志向性,企業の成果の差異が明らかになり,研究仮説4は採択された。

5 まとめ

本章では,戦略的志向性,新商品・サービス開発,企業の成果の3者の関係についての研究モデルを設定し,実証調査による分析を行った。研究モデルは4つの研究仮説によって構成され,共分散構造分析を用いて研究仮説を検証した。その結果,4つの研究仮説すべてが統計的に有意であり,研究仮説は採択された。

戦略的志向性は,市場志向性,学習志向性,起業家的志向性の3つの下位次元によって構成され,それぞれ新商品・サービス開発,企業の成果に影響を与えることが明らかになった。また,新商品・サービス開発は企業の成果に直接影響を与えるとともに,戦略的志向性と企業の成果との関係において媒介的役割を果たしていることも明らかになった。

さらに，ホテル戦略群別に戦略的志向性，企業の成果の差異についての検証を行った。シティホテルの場合は，学習志向性をもっとも重視しており，宿泊特化型ホテルの場合は，起業家的志向性をもっとも重視していることが明らかになった。

　企業の成果への総合効果（影響）については，シティホテルの場合が宿泊特化型ホテルの場合より高かった。直接効果と間接効果に分けて比較すると，シティホテルの場合は，直接効果より間接効果が高く，宿泊特化型ホテルは直接効果が高かった。このようにホテル戦略群別に企業の成果には差があることが明らかになった。

注　────────
1）市場志向性，学習志向性，起業家的志向性の3つの下位次元と企業の成果に対する測定項目は，7点尺度（1＝全くそう思わない，7＝非常にそう思う）によって測定し，新商品・サービス開発に対する測定項目は，7点尺度（1＝非常に低い，7＝非常に高い）によって測定する。

第5章

結　論

本章では，本研究結果の要約，研究の意義と位置づけについて述べる。

1　研究結果の要約および総合的考察

本書は，ホテル企業における「戦略的志向性」，「新商品・サービス開発」，「企業の成果」の構造的関係を明らかにすることを目的とし，さらに，日本のホテル企業を2つの戦略群に分け，戦略群別のホテル経営戦略の差を検証することを試みた。そのため，まず，「戦略的志向性」の概念を明らかにするための理論的考察を行い，「新商品・サービス開発」，「企業の成果」の測定項目を整理して分析の枠組みを構築した。この理論的考察の成果に基づいてホテル企業を対象とする実証調査を行った。

筆者は，2005年に日本におけるホテル企業を2つのホテル戦略群に分けて，ホテル選択属性に対する消費者の認識を分析し，ホテル戦略群別の戦略樹立の方向性を提示した。

分析の結果，マーケティング戦略の樹立にあたって，シティホテルの場合は，宿泊料金，立地，サービス，付帯施設などを総合的に考慮する必要があること，宿泊特化型ホテルの場合は，宿泊料金，立地などに集中する必要があることがわかった。

また，「情報入手手段」においては，シティホテルは"口コミ"の効用値が高いことから，顧客を満足させるためのサービスの向上が必要であり，宿泊特化型ホテルは"ブランド・名声"の効用値が高いことから，チェーン展開などによっ

てホテルに対する安心感・信頼感を高める必要があることが明らかになった。

このように，2つのホテル戦略群別の戦略樹立の方向性には大きな差がみられた。上記の結果を踏まえ，本書においては，戦略樹立の方向性をさらに明確化するため，「戦略的志向性(strategic orientation)」という概念を用いて，その結果変数として「企業の成果」を取り上げ，両者の関係を明らかにする研究を進めた。

戦略的志向性がうまく機能することによって，企業の究極的目標である企業の成果が高まり，企業は成長する。従って，本書においては，戦略的志向性を独立変数とし，企業の成果を従属変数とした研究仮説を立てた。また，戦略的志向性と企業の成果のあいだに新商品・サービス開発を媒介変数として加えて研究モデルを構築した。

研究モデルを構築するため，Porterの経営戦略論，ホテル選択行動に関する研究，戦略的志向性に関する研究をレビューし，研究仮説を設定した。そして，研究モデルを検証するため，ホテル経営者・経営幹部を対象とする実証調査を行い，共分散構造分析によって研究仮説を検証した。その結果は，次のとおりである。

本書において，第2章と第3章は，第4章においての本調査を行うための理論的考察(第2章)，予備調査(第3章)の性格を持つ。

まず，第2章においては，Porterの経営戦略論，戦略的志向性に関する研究を考察し，ホテル戦略群の分類，戦略的志向性とその下位次元，新商品・サービス開発，企業の成果の概念を整理した。その概念の整理，概念間の関係を4つの研究仮説にまとめた。そして，その研究仮説に基づいて研究モデルを構築した。

第3章においては，ホテル選択行動に関する研究をレビューし，ホテル構成要素，ホテル選択属性を抽出した。抽出されたホテル構成要素，ホテル選択属性に対してのホテル経営者と消費者の認識を把握した。そして，ホテル戦略群別のホテル構成要素，ホテル選択属性の重要度を比較することによって戦略樹立の方向性の差異を明らかにし，第4章での調査の基礎資料とした。

そして，第4章においては，第2章，第3章の成果を踏まえ，実証調査を行い，研究モデルを検証した。第2章で設定した研究仮説の検証結果，すべてが統計的に有意な結果が表れ，研究仮説は採択された。

　以上の研究仮説の検証結果により，本書で構築した研究モデルを理論的かつ実証的に検証することが可能となった。研究仮説の検証結果を踏まえ，本書を要約すると次のようになる。

(1) 戦略的志向性の概念および下位次元の整理

　多くの既存研究では，戦略的志向性の概念を市場志向性と学習志向性，市場志向性と起業家的志向性のように2次元のパターンで議論され，3つの次元が同時に扱われることはなかった。さらに，戦略的志向性の概念を2次元に分ける際の具体的な分類基準が示されなかった。

　そこで，本書は，戦略的志向性の概念を企業の成果への影響変数とすると同時に，新商品・サービス開発のプロセスにおける前提条件として認識し，戦略的志向性の3つの下位次元を取り上げた。すなわち，戦略的志向性を市場志向性と非市場志向性に分けたあと，非市場志向性として学習志向性と起業家的志向性を措定した。

　市場志向性と学習志向性，市場志向性と起業家的志向性のように2次元中心に行われた既存研究の研究範囲を3次元へと拡大させた本書の試みは，企業の成果に影響を与える戦略的志向性の概念をより幅広く説明した。

(2) 戦略的志向性，新商品・サービス開発，企業の成果の構造的関係

　多くの既存研究が戦略的志向性と企業の成果間の直接な因果関係を明らかにしたのに対して，本書は新商品・サービス開発を媒介変数として研究モデルに挿入し，戦略的志向性と企業の成果間の直接的因果関係とともに，新商品・サービス開発を媒介した戦略的志向性と企業の成果間の間接的因果関係について分析を行った。

　その結果，戦略的志向性が企業の成果に与える影響は，直接効果(影響)と新

商品・サービス開発を経由する間接効果(影響)とに分けることができる。まず，直接効果は0.48であり，間接効果(戦略的志向性→新商品・サービス開発(0.69)×新商品・サービス開発→企業の成果(0.44))は0.30となった。従って，総合効果(直接効果+間接効果)は0.78となった。戦略的志向性が企業の成果に与える影響は，新商品・サービス開発を経由して与える影響より，直接に企業の成果に与える影響が大きいことが明らかになった。

こうした戦略的志向性→新商品・サービス開発→企業の成果という一連のプロセスにおいての因果関係に対する分析の結果は，概念間の直接的因果関係はもちろん，新商品・サービス開発の媒介による戦略的志向性と企業の成果間の間接的因果関係も明らかにすることによって，戦略的志向性，新商品・サービス開発，企業の成果の3者の構造的関係を明確に説明した。

(3) ホテル戦略群別の戦略的志向性，企業の成果の差異

本書は，ホテル戦略群別に戦略的志向性，企業の成果の差異についての検証を行った。戦略的志向性の下位次元の因果係数(経路係数)を比べてみると，シティホテルの場合は，学習志向性(1.093)がもっとも高く，次いで市場志向性(0.874)，起業家的志向性(0.687)の順となった。宿泊特化型ホテルの場合は，起業家的志向性(1.043)がもっとも高く，次いで学習志向性(1.012)，市場志向性(0.949)の順となった。

従って，戦略的志向性の下位次元に対して，シティホテルの経営者は学習志向性をもっとも重視しており，宿泊特化型ホテルの経営者は起業家的志向性をもっとも重視していることが明らかになった。

その理由を第3章で行った消費者におけるホテル選択属性の重要度分析の結果から考えることができる。すなわち，シティホテルの場合は"口コミ"の効用値が高いことから，顧客を満足させるためにサービスの向上が必要であり，そのために従業員に対する学習へのコミットメント，ビジョンの共有，思考の開放性といった学習志向性を重視していると考えられる。

一方，宿泊特化型ホテルの場合は，"ブランド・名声"の効用値が高いことから，

チェーン展開などによってホテルに対する安心感・信頼感を高める必要性，また既存のホテル（シティホテルなど）が提供する商品・サービスとは異なる革新的な商品・サービスを提供しているので，その際に必要な革新性，危険追求性といった起業家的志向性を重視していると考えられる。

　企業の成果に関しては，シティホテルの場合，戦略的志向性が企業の成果に及ぼす総合効果（影響）は 0.84（直接効果（0.37）＋間接効果（0.47）＝0.84），宿泊特化型ホテルの場合は 0.78（直接効果（0.67）＋間接効果（0.11）＝0.78）となり，シティホテルのほうが高いことが明らかになった。

　さらに詳しくみると，シティホテルの場合は，直接効果より間接効果が高く，宿泊特化型ホテルは直接効果が高かった。その理由としては，シティホテルの場合は提供する商品・サービスの多様性から新商品・サービスの企画がより多様であり，宿泊特化型ホテルの場合は提供する商品・サービスが限定されているので新商品・サービスの企画の多様性も比較的に低いことが考えられる。また，新商品・サービス開発から企業の成果への因果係数を比較すると，シティホテル（0.64）が宿泊特化型ホテル（0.15）より高いことが明らかになった。

(4) **総合的考察**

　本書は，ホテル産業における戦略的志向性，新商品・サービス開発，企業の成果との構造的関係を明らかにすることを試みた。また，ホテル戦略群別の戦略的志向性，企業の成果の差異を検証した。

　上記の 3 つの概念の関係に基づいて研究仮説および研究モデルを構築し，実証調査を通じて 3 つの概念の構造的関係を分析した。分析の結果，戦略的志向性は，市場志向性，学習志向性，起業家的志向性の 3 つの下位次元によって構成され，それぞれ新商品・サービス開発，企業の成果に影響を与えることが明らかになった。また，新商品・サービス開発は企業の成果に直接影響を与えるとともに，戦略的志向性と企業の成果との関係の間で媒介的役割を果たしていることも明らかになった。さらに，ホテル戦略群別の戦略的志向性，企業の成果の差異も明らかになった。

```
                    ┌─────────────────────────┐
                    │ ◆ホテル産業の状況           │
                    │  :シティホテル,宿泊特化型    │
                    │   ホテルの二極化            │
                    │ ◆企業のビジョンを提示する    │
                    │  経営戦略の重要性           │
                    │  :ホテル戦略群別の異なる    │
                    │   戦略樹立の必要性         │
                    └─────────────┬───────────┘
                                  ↓
┌──────────────┐    ┌─────────────────────────┐    ┌──────────────────────────┐
│◆理論的考察      │    │実証3:戦略的志向性・新商品・ │    │◆戦略群別の戦略樹立の方向性の差異│
│Porterの経営戦略論│    │サービス開発・企業の成果の  │    │実証1:ホテル構成要素の重要度分析│
│:ホテル戦略群の分類│→  │関係                      │ ←  │:シティホテル-立地をもっとも重視│
│戦略的志向性に関する│    │・戦略的志向性→企業の成果(+)│    │ 宿泊特化型ホテル-付帯施設をもっとも重視│
│研究            │    │・戦略的志向性→新商品・    │    │実証2:ホテル選択属性の重要度分析│
│:下位次元,変数の抽出│    │ サービス開発(+)          │    │:シティホテル-5つの選択属性の重要度が均等│
│・ホテル選択行動に関 │    │・新商品・サービス開発→   │    │ 宿泊特化型ホテル-立地と宿泊料金に集中│
│する研究         │    │ 企業の成果(+)            │    └──────────────────────────┘
│:構成要素,選択属性 │    │・戦略群別の戦略的志向性の差異│
│の抽出          │    └─────────────┬───────────┘
└──────────────┘                  ↓
                    ┌─────────────────────────┐
                    │        ◆結論             │
                    │ ・戦略的志向性,新商品・    │
                    │  サービス開発,企業の成果の │
                    │  3者の構造的関係を検証    │
                    │ ・戦略群別の戦略的志向性の │
                    │  差異の検証              │
                    └─────────────────────────┘
```

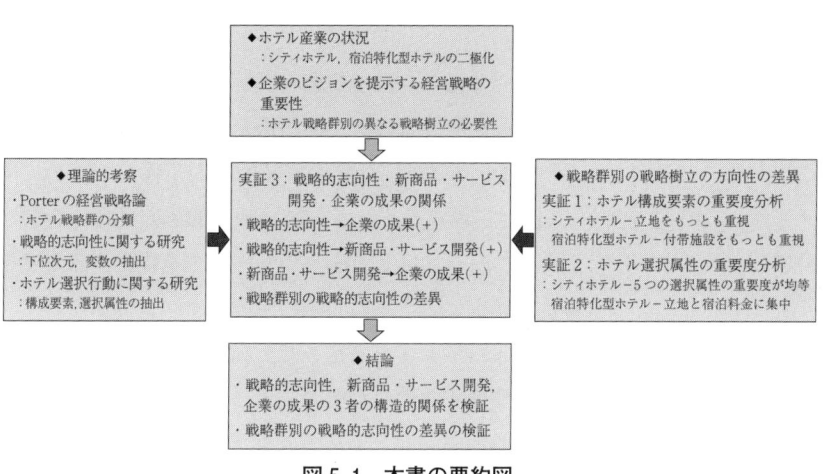

図5-1　本書の要約図

　上記の結果から，ホテル経営における核心的なキーワードのひとつである戦略的志向性の重要性が強調され，今後のホテル経営においてその応用が期待される。また，一般的な製造業ではなく，サービス産業であるホテルにおける戦略的志向性に関する理論的かつ実証的な枠組みを提供することができた。

　さらに，ホテル戦略群別の戦略的志向性，企業の成果の違いを明らかにしたことにより，ホテル経営者が経営戦略の樹立にあたって貴重な参考資料のひとつとして活用することが期待できる。

2　研究の意義と位置づけ

　本書は，経営学における経営戦略論，特に戦略的志向性と企業の成果との関係に焦点を当てた。経営戦略論に関する既存研究では，企業の存続・成長のための方策である経営戦略に関する研究が行われたが，大別すると2つの流れがある。一つは，存続・成長に成功した（逆に失敗した）企業について，その成功（失敗）の理由を説明しようとする研究であり，もう一つは，企業が存続・成長するためにはいかなる戦略をとるべきか，その対策を明らかにしようとする研

究である。

　本書は，後者に該当する研究であり，戦略的志向性をキーワードとして，新商品・サービス開発，企業の成果の3者の構造的関係を明らかにするものであった。キーワードである戦略的志向性は「企業の持続的な競争優位のために実行される戦略的方向や指針」と定義できる。さらに，戦略的志向性は，企業が顧客のニーズを理解し，そのニーズに応じた製品やサービスを提供することを可能にするため，競争優位を確保するために必須の手段とすべきである。

　企業は，このような行為によって顧客を満足させ，高い水準の成果を上げることが可能となる。これは戦略的志向性が企業の成果に肯定的な影響を与えることを意味する。従って，戦略的志向性と企業の成果との関係を明らかにすることによって経営戦略樹立の方向性を提示することができると考えられる。

　本書の成果から，学問的領域，研究対象であるホテル企業に対する研究の意義と位置づけとして，「ホテル選択行動に関する研究への示唆：ホテル構成要素，ホテル選択属性間の重要度分析」，「ホテル業における戦略的志向性に関する基礎的理論と枠組みの提供」，「戦略的志向性に関する研究への示唆：戦略的志向性の下位次元の統合」の3点を取り上げる。

(1) **ホテル選択行動に関する研究への示唆：ホテル構成要素，ホテル選択属性間の重要度分析**

　ホテル選択行動に関する研究は，従来からホテル業に関する研究において非常に重要な位置を占め，盛んに研究されてきた。特に，消費者意識の成熟やニーズの多様化によって消費者の購買行動が非常に複雑になっており，市場の特性と購買行動に対する動機などを究明する必要性が高まってきた。

　このように多様な消費者のニーズを分析するため，分析方法もさまざまに工夫されてきた。変数同士の影響関係分析などより正確かつ詳細な分析が行われてきた。この多様なニーズの分析結果は，ホテルの経営に反映され，マーケティング戦略，あるいは経営戦略の樹立に大きな影響を与えている。

　ホテル選択行動に関する従来の研究の多くは，消費者側のホテル選択属性の

分析によって客室タイプ,立地条件や距離,付帯施設などの消費者のニーズを把握するものであった。

一方,経営者側が事業拡張あるいは新業態を開発する際,ホテルの構成要素の中で本来的に重視する要素は何か,または,どのような形態のホテルを開発しようとするのかについて分析した研究は非常に少ない。消費者側のホテル選択行動に関する研究は,大きな実績を残したものの,経営者側に基づいた研究は極めて少ない。

ホテル企業は企業としての成果を得るために,必要な戦略を樹立して実行している。その戦略を樹立する際,重要な基準となるのが消費者のニーズの分析である。しかし,消費者のニーズのみならず,自社の状況を把握し,その状況に合わせて経営方針を決める経営者の認識も非常に重要な要因になる。

従って,本書においては,ホテル企業の戦略樹立にあたってのホテル選択属性とホテル構成要素の重要度分析によって,戦略樹立の方向性を提示することが可能となった。また,ホテル業に関する研究において,重要度・選好分析に有用な手法であるコンジョイント分析の活用可能性を確認することができた。

(2) ホテル業における戦略的志向性に関する基礎的理論と枠組みの提供

従来のホテル経営に関する研究は,ホテルを構成する個々の部門,すなわち,人的資源管理,客室販売,宴会促進などに関する研究が多く行われてきた。しかし,ホテル経営に関する研究は,各部門を総合的に把握,分析する必要があり,それとともに結果として表れる企業の成果との関係を明らかにする必要がある。

本書におけるキーワードとなる「戦略的志向性」には各部門の視点が含まれており,ホテル経営に関して総合的な分析が可能である点が既存研究との違いである。

従って,本書は,ホテルを構成する各部門の総合的な視点から企業の成果との関係を明らかにする試みであり,ホテル経営における核心キーワードのひとつとして「戦略的志向性」の応用が期待でき,ホテル業における戦略的志向性に

関する基礎的理論と分析の枠組みの提供ができたと考える。

(3) 戦略的志向性に関する研究への示唆：戦略的志向性の下位次元の統合

「企業が持続的に競争優位を維持するために実行される戦略的方向や指針」として定義される戦略的志向性は，企業のマーケティングおよび戦略意思決定の行為における原則を提供するものであって，企業活動と計画の性格や範囲を決定する重要な基準となる。マーケティングにおける戦略的志向性についての既存研究の共通点は，その下位次元に市場志向性が基本的に含まれていることである。

これは，企業に戦略的志向性をもたらす要因の中でも，市場環境の変化がもっとも大きな影響力をもつからである。また，これまで非市場志向性としてさまざまな概念が取り上げられてきた。本研究は，既存研究の考察によって「戦略的志向性」の概念および下位次元を整理し，それらの体系化を試みた。すなわち，さまざまな概念の統合的概念として「戦略的志向性」を位置づけた。

さらに，既存研究が一般の製造業を分析対象として行われていたのに対して，サービス産業のひとつであるホテル産業を分析対象とすることによって，「戦略的志向性」に関するホテル産業の特有の分析枠組みを提示するとともに，ホテル産業における「戦略的志向性」の特徴を明らかにすることが可能となった。

以上のように，従来のホテル選択行動に関する研究とは異なり，ホテル構成要素，ホテル選択属性間の重要度分析により，ホテル戦略群別の戦略樹立の方向性の違いを検証したこと，ホテル業における戦略的志向性に関する基礎的理論と分析の枠組みの提供，下位次元の統合による総合的概念としての戦略的志向性を示すことができたことを本書の成果として挙げておきたい。

さらに，ホテル業における戦略的志向性と企業の成果との関係に関する議論を経営戦略論，ホテル選択行動に関する研究，経営者と消費者に対する実証調査などの多面的アプローチから展開したことにより，この領域の研究についての総合的な理解力を高めることができた。この点も本書の意義のひとつとして挙げておきたい。

参考文献 I【英文・英雑誌】

Acur, N. and Bititci, U. (2004) "A balanced approach to strategy process", *International Journal of Operations & Production Management*, 24(4), 388-408.

Adam, B. and Barry, N. (1996) *Co-petition*, New York : Currency Doubleday.

Adams, M. E., Day, G. S. and Dougherty, D. (1998) "Enhancing New Product Development Performance: An Organizational Learning Perspective", *Journal of Product Innovation Management*, 15(5), 403-422.

Amram, M. and Kulatilaka, N. (1999) *Real Options: Managing Strategic Investment in an Uncertain World*, Harvard Business School Press.(石原雅行・中村康治・吉田二郎・脇保修司訳(2001):『リアル・オプション—経営戦略の新しいアプローチ』東洋経済新報社.)

Anderson, J. C. and Gerbing, D. W. (1988) "Structural Equation Modeling in Practice: A Review and Recommended Two-step Approach", *Psychological Bulletin*, 103(3), 411-423.

Ananth, M., DeMicco, F. J., Moreo, P. J. and Howey, R. M. (1992) "Marketplace Lodging Needs of Mature Travellers", *The Cornell Hotel and Restaurant Quarterly*, 33(4), 12-24.

Ansoff, H. I. (1965) Corporate Strategy: An Analytic Approach to Business Policy for Growth and Expansion. McGraw-Hill.

Aragón-Sánchez, A., Sánchez-Marín, G. (2005) "Strategic Orientation, Management Characteristics, and Performance: A Study of Spanish SMEs", *Journal of Small Business Management*, 43(3), 287-308.

Atkinson, A. (1988) "Answering The Eternal Question: What Does The Customer Want?", *The Cornell Hotel and Restaurant Administration Quarterly*, 29(2), 12-14.

Auh, S. and Menguc, B. (2005) "The influence of top management team functional diversity on strategic orientations: The moderating role of environmental turbulence and intern functional coordination", *International Journal of Research in Marketing*, 22(3), 333-350.

Backhaus, K. and Muehlfeld, K. (2005) "Strategy dynamics in industrial marketing: a business types perspective", *Management Decision*, 43(1), 35-55.

Baird, I. S. and Thomas, H. (1985) "Toward a Contingency Model of Strategic Risk Taking", *Academy of Management Review*, 10, 230-243.

Balmer, S. and Baum, T. (1993) "Applying Herzberg's Hygiene Factors to the Changing Accommodation Environment", *International Journal of Contemporary Hospitality Management*, 5, 32-35.

Baker, W. E. and Sinkula, J. M. (1999a) "The Synergistic Effect of Market Orientation and Learning Orientation on Organizational Performance", *Journal of the Academy of Marketing Science*, 27(4), 411-427.
——— and ——— (1999b) "Learning Orientation, Market Orientation, and Innovation: Integrating and Extending Models of Organizational Performance", *Journal of Market-Focused Management*, 4, 295-308.
——— and ——— (2002) "Market Orientation, Learning Orientation, and Product Innovation: Developing into the Organization's Black Box", *Journal of Market-Focused Management*, 5, 5-23.
Barney, J. B. (1991) "Firm Resources and Sustained Competitive Advantage", *Journal of Management*, 17(1), 99-120.
——— (2001) *Gaining and Sustaining Competitive Advantage*, Prentice-Hall.(岡田正大訳(2003):『企業戦略論上・中・下』ダイヤモンド社.)
Barsky, J. D. and Labagh, R. (1992) "A Strategy for Customer Satisfaction", *The Cornell Hotel and Restaurant Administration Quarterly*, 33(5), 32-40.
Bednall, D. H. B. and Valos, M. J. (2005) "Marketing research performance and strategy", *International Journal of Productivity and Performance Management*, 54 (5/6), 438-450.
Besanko, D., Dranove, D. and Shanley, M. (2000) *Economics of Strategy* (2nd ed.), John Wiley & Sons.(奥村昭博・大林厚臣監訳(2002):『戦略の経済学』ダイヤモンド社.)
Bowen, J. T. and Shoemaker, S. (1998) "Loyalty: A Strategic Commitment", *The Cornell Hotel and Restaurant Administration Quarterly*, 39(1), 12-25.
Brown, S. L. and Eisenhardt, K. M. (1995) "Product Development: Past Research, Present Finding, and Future Directions", *Academy of Management Review*, 20(2), 343-378.
Burgelman, R. A. (1983a) "A Model of the Interaction of Strategic Behavior, Corporate Context, and the Concept of Strategy", *Academy of Management Review*, 8(1), 61-70.
——— (1983b) "Corporate Entrepreneurship and Strategic Management: Insights from a Process Study", *Management Science*, 29(12), 1349-1364.
——— (1988) "Strategy Making as a Social Learning Process: The Case of Internal Corporate Venturing", *Interfaces*, 18(3), 74-85.
——— (1994) "Fading Memories : A Process Theory of Strategic Business Exit in Dynamic Environments", *Administrative Science Quarterly*, 39(1), 24-56.
——— (1996) "A Process Model of Strategic Business Exit : Implications for an Evolutionary Perspective on Strategy", *Strategic Management Journal*, 17(7) Sum-

mer96 Special Issue, 193-214.

―――― and Välikangas, L. (2005) "Managing Internal Corporate Venturing Cycles", *Sloan Management Review*, 46(4), 26-34.

Buzzell, R. D. and Gale, B. T. (1987) *The Pims Principles*, Free Press.(和田充夫・八七戦略研究会訳(1988):『新PIMSの戦略原則―業績に結びつく戦略要素の解明』ダイヤモンド社.)

Cadogan, J. W. and Diamantopoulos, A. (1995) "Narver and Slater, Kohli and Jaworski and The Market Orientation Construct: Integration and Internationalization", *Journal of Strategic Marketing*, 3(1), 41-60.

Cadotte, E. R. and Turgeon, N. (1988) "Key Factors in Guest Satisfaction", *The Cornell Hotel and Restaurant Administration Quarterly*, 28(4), 45-51.

Callan, R. J. (1995) "Hotel classification and grading schemes, a paradigm of utilization and user characteristics", *International Journal of Hospitality Management*, 14, 271-284.

―――― and Lefebre, C. (1997) "Classification and grading of UK lodges: do they equate to managers' and customers' perceptions?", *Tourism Management*, 18, 417-424.

―――― (1998) "Attributional Analysis of Customers' Hotel Selection Criteria by U.K. Grading Scheme Categories", *Journal of Travel Research*, 36, 20-34.

Canina, L., Enz, C. A. and Harrison, J. S. (2005) "Agglomeration Effects and Strategic Orientations : Evidence from The U. S. Lodging Industry", *Academy of Management Journal*, 48(4), 565-581.

Cao, Q. and Schniederjans, M. J. (2004) "Empirical study of the relationship between operations strategy and information systems strategic orientation in an e-commerce environment", *International Journal of Production Research*, 42(15), 2915-2939.

Carland, J. W., Hoy, F. H., Boulton, W. R. & Carland, J. A. C. (1984) "Differentiating Entrepreneurs from Small Business Owners: A Conceptualization", *Academy of Management Review*, 19(2), 354-359.

Cavusgil, S. T., Chan, K. and Zhang, C. (2003) "Strategic Orientations in Export Pricing : A Clustering Approach to Create Firm Taxonomies", *Journal of International Marketing*, 11(1), 47-72.

Chandler, A. D. (1962) *Strategy and Structure: Chapters in the History of the American Industrial Enterprises*, MIT press.(三菱経済研究所訳(1968):『経営戦略と組織』実業之日本社.)

Chu, R. K. S. and Choi, T. C. (2000) "An important performance analysis of hotel selection factors in the Hong Kong hotel industry: a comparison of business and lei-

sure travelers", *Tourism Management*, 21(4), 363-377.
Clark, K. B. and Fujimoto, T. (1991) *Prouduct Development Performance*, Harvard Business School Press.
Clow, K. E., Garretson, J. A. and Kurtz, D. L. (1994) "An Exploratory Study into the Purchase 19 Decision Process Used by Leisure Travellers in Hotel Selection", *Journal of Hospitality and Leisure Marketing*, 4, 53-71.
Cobanoglu, C., Corbaci, K., Moreo, P. J. and Ekinci, Y. (2003) "A Comparative Study of the Importance of Hotel Selection Components by Turkish Business Travelers", *International Journal of Hospitality & Tourism Administration*, 4(1), 1-22.
Cool, K. and Schendel, D. (1988) "Performance differences among strategic group members", *Strategic Management Journal*, 9(3), 207-223.
Covin, J. G. and Covin, T. (1990) "Competitive Aggressiveness, Environmental Contexts, and Small Firm Performance", *Entrepreneurship: Theory and Practice*, 14(4), 35-50.
―――― and Slevin, D. P. (1989) "Strategic Management of Small Firm in Hostile and Benign Environments", *Strategic Management Journal*, 10(1), 75-87.
―――― and ―――― (1991) "A Conceptual Model of Entrepreneurship an Firm behavior", *Entrepreneurship: Theory and Practices*, 16(1), 7-24.
Covin, J. G. and Slevin, D. P. (1986) "The development and testing of an or organization level entrepreneurship scale", in *Frontiers of Entrepreneurship Research*, (eds.) Ronstadt, R., Hornaday, J. A., Peterson, R. and Vesper, K. H., Wellesley.
Danneels, E. (2002) "The Dynamics of Product Innovation and Firm Competences", *Strategic Management Journal*, 23(12), 1095-1121.
Day, G. S. (1994) "The Capabilities of Market-Driven Organizations", *Journal of Marketing*, 58(4), 37-52.
―――― and Wensley, R. (1988) "Assessing Advantage: A Framework for Diagnosing Competitive Superiority", *Journal of Marketing*, 52(2), 1-20.
Deshpande, R., Farely, J. U. and Webster, F. E. (1993) "Corporate Culture, Customer Orientation, and Innovativeness in Japanese Firms: A Quadrad Analysis", *Journal of Marketing*, 57(1), 23-37.
―――― and ―――― (1998) "Measuring Market Orientation: Generalization and Synthesis", *Journal of Market-Focused Management*, 2(1), 213-232.
Dess, G. G. and Robinson. Jr. R. B. (1984) "Measuring Organizational Performance in the Absence of Objective Measures : The Cases of the Privately-held Firm and Conglomerate Business Unit", *Strategic Management Journal*, 5, 265-273.
Dolnicar, S. and Otter, Th. (2003) "Which Hotel attributes Matter? A Review of Previous and a Framework for Future Research", *Asia Pacific Tourism Associa-*

tion 9th Annual Conference, Sydney, Australia: 176-188.
Drucker, P. F. (1998) "The Discipline of Innovation", Harvard Business Review, 76(6), 149-157.
Dube, L. and Renaghan, L. M. (1999) "Building Customer Loyalty", The Cornell Hotel and Restaurant Administration Quarterly, 40(5), 78-88.
―――― and ―――― (1999) "How Hotel Attributes Deliver the Promised Benefits", The Cornell Hotel and Restaurant Administration Quarterly, 40(5), 89-95.
―――― and ―――― (2000a) "Creating Visible Customer Value ― How Customers View Best -practice Champions", The Cornell Hotel and Restaurant Administration Quarterly, 41(1), 62-72.
―――― and ―――― (2000b) "Marketing your Hotel to and through Intermediaries ― An Overlooked Best Practice", The Cornell Hotel and Restaurant Administration Quarterly, 41(1), 73-83.
Farrell, M. A. (2000) "Developing a Market-Oriented-Learning Organization", Australian Journal of Management, 25(2), 201-222.
―――― and Oczkowski, E. (2002) "Are Market Orientation and Learning Orientation Necessary for Superior Organizational Performance", Journal of Market-Focused Management, 5, 197-217.
Field, A. (1999) "Clean Air at night. Supply and Demand of Smoke-free Hotel Rooms", The Cornell Hotel and Restaurant Administration Quarterly, 40(1), 60-67.
Frank, M. and Pine, R. (1995) Globalization Strategy In The Hotel Industry, Routledge.(有村貞則・古沢昌之・四宮由紀子・徳永典子・西井進剛(2002)訳：『ホテル産業のグローバル戦略』白桃書房.)
Fuentes, M. M. F., Montes, F. J. L. and Fernández, L. (2006) "Total Quality Management, Strategic Orientation and Organizational Performance: the case of Spanish companies", Total Quality Management & Business Excellence, 17(3), 303-323.
Galbraith, J. R. and Nathanson, D. A. (1978) Strategy implementation: the role of structure and process, West Publishing.(岸田民樹訳(1989)：『経営戦略と組織デザイン』白桃書房.)
Garvin, D. A. (1993) "Building a Learning Organization", Harvard Business Review, 71(4), 78-91.
Gatignon, H. and Xuereb, J. M. (1997) "Strategic Orientation of the Firm and New Product Performance", Journal of Marketing Research, 34(1), 77-90.
Ghemawat, P. (2001) Strategy and the Business Landscape: Core Concepts, Prentice-Hall.(大柳正子訳(2002)：『競争戦略論講義』東洋経済新報社.)
Goold, M., Campbell, A. and Alexander, M. (1994) Corporate-Level Strategy : Creafing Value in the Multi-Business Company, John Wiley d Sons.

Green, P. E. and Srinivasan, V. (1978) "Conjoint Analysis in consumer research : issues and outlook", *Journal of Consumer Research*, 5(2), 103-123.

Gregory, A. D. and Bruce, W. (2000) "Implementing a Balanced-scorecard Approach to Managing Hotel Operations", *The Cornell Hotel and Restaurant Administration Quarterly*, 41(1), 94-107.

Griffin, R. K., Shea, L. and Weaver, P. (1996) "How Business Travelers Discriminate Between Mid-Priced and Luxury Hotels: An Analysis Using a Longitudinal Sample", *Journal of Hospitality and Leisure Marketing*, 4, 63-75.

Gundersen, M. G., Heide, M. and Olsson, U. H. (1996) "Hotel Guest Satisfaction among Business Travelers", *The Cornell Hotel and Restaurant Administration Quarterly*, 37(2), 72-81.

Hall, W. K. (1980) "The Strategic in a Hostile Environment", *Harvard Business Review*, 58(5), 75-85.

Halstead, D. and Page, T. J. Jr. (1992) "The effects of satisfaction and complaining behavior on consumers repurchase behavior", *Journal of Satisfaction, Dissatisfaction and Complaining Behavior*, 5, 1-11.

Hamel, G. and Prahalad, C. K. (1994) *Competing for the future*, Harvard Business School Press.(一條和生訳(1995):『コア・コンピタンス経営』日本経済新聞社.)

Han, J. K., Kim, N. W. and Srivastava, R. K. (1998) "Market Orientation and Organizational Performance: Is Innovation a Missing Link?", *Journal of Marketing*, 62(4), 30-45.

Hartline, M. D. and Jones, K. C. (1996) "Employee Performance Cues in a Hotel Service Environment : Influence on Perceived Service Quality, Value, and Word-of-Mouth 20 Intentions", *Journal of Business Research*, 35, 207-215.

Hill, C. W. L. (1988) "Differentiation Versus Low Cost or Differentiation and Low Cost", *Academy of Management Review*, 13(3), 401-412.

Homburg, C. and Pflesser, C. (2000) "A Multiple-Layer Model of Market-Oriented Organizational Culture: Measurement Issue and Performance Outcomes", *Journal of Marketing Research*, 37(4), 449-462.

Hooley, G. J. and Saunders, J. (1993) *Competitive Positioning: The Key of Market Success*, Prentic-Hall International.(足立勝彦・鈴木宏衛・棟方信彦訳(1996):『競争に勝つポジショニング』電通広報室出版部.)

Howard, J. A. (1977) *Consumer behavior*, New York : McGraw-Hill.

Hu, C. and Hiemstra, S. J. (1996) "Hybrid conjoint analysis as a research technique to measure meeting planner's preferences in hotel selection", *Journal of Travel Research*, 35(2), 62-69.

Hult, G. T. M. and Ketchen Jr., D. J. (2001) "Does Market Orientation Matter?: A

Test of the Relationship Between Positional Advantage and Performance", *Strategic Management Journal*, 22, 899-906.

Hunt, S. D. and Morgan, R. M. (1995) "The Competitive Advantage Theory of Competition", *Journal of Marketing*, 60(2), 107-114.

Hurley, R. F. and Hult, T. M. (1998) "Innovation, Market Orientation and Organizational Learning: An Integration and Empirical Examination", *Journal of Marketing*, 62(3), 42-54.

Ireland, R. D., Reutzel, C. R., Webb, J. W. (2005) "Entrepreneurship Research in AMJ: What Has Been Published, and What Might the Future Hold?", *Academy of Management Journal*, 48(4), 556-564.

Jaworski, B. J. and Kohli, A. K. (1993) "Market Orientation: Antecedents and Consequences", *Journal of Marketing*, 57(3), 53-70.

Johnson, C. and Vanetti, M. (2005) "Locational Strategies of International Hotel Chains", *Annals of Tourism Research*, 32(4), 1077-1099.

Kaplan, R. S. and Norton, D. P. (1996) *The Balanced Scorecard: Translating Strategy Into Action*, Harvard Business School Press.(吉川武男訳(1997)：『バランススコアカード―新しい経営指標による企業革新―』生産性出版.)

Kickul, J. and Gundry, L. (2002) "Prospecting for strategic advantage: The proactive entrepreneurial personality and small firm innovation", *Journal of Small Business Management*, 40(2), 85-97.

Kim, B. Y. and Oh, H. M. (2003) "An Integrated Approach to Strategic Management for the Lodging Industry", *International Journal of Hospitality & Tourism Administration*, 4(2), 1-16.

Kim, J. M. and Okamoto, N. Y. (2006) "Importance Analysis on Hotel Components from a Manager's Perspective: Using Conjoint Analysis", *Asia Pacific Journal of Tourism Research*, 11(3), 227-238.

Kim, W. C. and Mauborgne, R. (2005) *Blue Ocean Strategy: How to Create Uncontested Market Space and Make the Competition Irrelevant*, Harvard Business School Press.(有賀裕子訳(2005)：『ブルー・オーシャン戦略：競争のない世界を創造する』ランダムハウス講談社.)

Kim, W. G. and Kim, D. J. (2004) "Factors affecting online hotel reservation intention between online and non-online customers", *International Journal of Hospitality Management*, 23(4), 381-395.

Kirca, A. H., Jayachandran, S. and Bearden, W. O. (2005) "Market Orientation: A Meta-Analytic Review and Assessment of Its Antecedents and Impact on Performance", *Journal of Marketing*, 69(2), 24-41.

Knutson, B. J. (1988) "Frequent travelers: making them happy and bring them back", *The Cornell Hotel and Restaurant Administration Quarterly*, 29(1), 83-87.

Kohli, A. K. and Jaworski, B. J. (1990) "Market Orientation: The Construct, Research Propositions, and Managerial Implications", *Journal of Marketing*, 54(2), 1-18.

―――, ――― and Kumar, A. (1993) "MARKOR: A Measure of Market Orientation", *Journal of Marketing Research*, 30(4), 467-477.

Kotey, B. and Meredith, G. G. (1997) "Relationships among owner/manager personal values, business strategies, and enterprise performance", *Journal of Small Business Management*, 35(2), 37-64.

Kotler, P. and Armstrong, G. (2001) *Principles of Marketing*, 9th ed., Prentice-Hall. (和田充夫監訳(2003):『マーケティング原理第9版』ダイヤモンド社.)

Lavie, D. (2006) "The Competitive Advantage of Interconnected Firms: An Extension of The Resource Based View", *Academy of Management Review*, 31(3), 638-658.

Lee, C. W., Lee, K. M. and Pennings, J. M. (2001) "Internal Capabilites, External Networks, and Performance : A Study on Technology-Based Ventures", *Strategic Management Journal*, 22, 615-640.

Lee, W. K., Ghosh, B. C., Mehta, S. C. and Vera, A. (1990) "Strategies for hotels in Singapore: segmentation in Singapore", *The Cornell Hotel and Restaurant Administration Quarterly*, 31(1), 74-87.

Levitt, T. (1960) "Marketing Mytopia" *Harvard Business Review*, 38(4), 45-56.

Lewis, R. C. (1984a) "Isolating Differences in Hotel Attributes", *The Cornell Hotel and Restaurant Administration Quarterly*, 25(3), 64-77.

――― (1984b) "The Basis of Hotel Selection", *The Cornell Hotel and Restaurant Administration Quarterly*, 25(1), 54-69.

――― (1985) "Predicting hotel choice: the factors underlying perception", *The Cornell Hotel and Restaurant Administration Quarterly*, 25(4), 82-96.

―――, Ding, S. and Geschke, U. (1991) "Using trade-off analysis to measure consumer choices: the full profile method", *Hospitality Research Journal*, 15(1), 75-92.

Lockyer, T. (2005) "The perceived importance of price as one hotel selection dimension", *Tourism Management*, 26(4), 529-537.

Lumpkin, G. T. and Dess, G. G. (1996) "Clarifying the Entrepreneurial Orientation Construct and Linking it to Performance", *Academy of Management Review*, 21(1), 135-172.

――― and ――― (2001) "Linking Two Dimension of Entrepreneurial Orientation To Firm Performance : The Moderating Role of Environment and Industry Life Cycle", *Journal of Business Venturing*, 16, 429-451.

Maidique, M. A. (1980) "Entrepreneurs, Champions, and Technological Innovation", *Sloan Management Review*, 21(2), 135-172.

Matear, S., Gray, B. J. and Garrett, T. (2004) "Market Orientation, brand investment, new service development, market position and performance for service organizations", *International Journal of Service Industry Management*, 15(3), 284-301.

―――――, Osborne, P., Garrett, T. and Gray, B. J. (2002) "How does market Orientation contribute to service firm performance? An examination of alternative mechanisms", *European Journal of Marketing*, 36 (9/10), 1058-1075.

Matsuno, K., Mentzer, J. T. and Ozsomer, A. (2002) "The Effect of Entrepreneurial Proclivity and Market Orientation on Business Performance", *Journal of Marketing*, 66(3), 18-32.

McCleary, K. W., Weaver, P. A. and Hutchinson, J. C. (1993) "Hotel Selection Factors as they relate to business travel situations", *Journal of Travel Research*, 32(2), 42-48.

―――――, ――――― and Lan, L. (1994) "Gender-based differences in business travelers' lodging preferences", *The Cornell Hotel and Restaurant Administration Quarterly*, 35(2), 51-58.

McNaughton, R. B., Osborne, P. and Imrie, B. C. (2002) "Market-oriented value creation in service firms", *European Journal of Marketing*, 36 (9/10), 990-1002.

Mehta, S. C. and Vera, A. (1990) "Segmentation in Singapore", *The Cornell Hotel and Restaurant Administration Quarterly*, 35(2), 25-38.

Menguc, B. and Auh, S. (2005) "A Test of Strategic Orientation Formation Versus Strategic Orientation Implementation : The Influence of TMT Functional Diversity and Inter -Functional Coordination", *Journal of Marketing Theory & Practice*, 13(2), 4-19.

Miles, M. P. and Arnold, D. R. (1991) "The Relationship Between Marketing Orientation and Entrepreneurial Orientation", *Entrepreneurship: Theory and Practices*, 15(4), 49-65.

Miller, D. (1983) "The Correlates of Entrepreneurship in three types of firm", *Management Science*, 29, 770-791.

Mintzberg, H. (1990) "The Design School: Reconsidering the Basic-Premises of Strategic Management", *Strategic Management Journal*, 11(3), 171-195.

―――――, Ahlstrand, B. and Lampel, J. (1998) *Strategy Safari: A Guided Tour through the Wilds of Strategic Management*, Free Press.(齋藤嘉則監訳，木村充・奥澤朋美・山口あけも訳(1999):『戦略サファリ―戦略マネジメント・ガイドブック』東洋経済新報社.)

Mintzberg, H. and Walters, J. A. (1985) "Of Strategies, Deliberate and Emergent",

Strategic Management Journal, 6, 257-272.

Morris, M. H. and Paul, G. W. (1987) "The Relationship Between Entrepreneurship and Marketing in Established Firms", *Journal of Business Venturing*, 2, 247-259.

Mueller, S. L. and Thomas, A. S. (2000) "Culture and Entrepreneurial Potential: A Nine country Study of Locus of control and Innovativeness", *Journal of Business Venturing*, 16, 51-75.

Narver, S. L. and Slater, S. F. (1990) "The Effect of a Market Orientation on Business Profitability", *Journal of Marketing*, 54(4), 20-35.

―――――, ――――― and Tietje, B. (1998) "Creating a Market Orientation", *Journal of Market-Focused Management*, 2, 214-255.

Nevis, E. C., DiBella, A. J. and Gould, J. M. (1995) "Understanding Organizations as Learning Systems", *Sloan Management Review*, 36(2), 73-85.

Noble, C. H., Sinha, K. R. and Kummar, A. (2002) "Market Orientation and Alternative Strategic Orientations: A Longitudinal Assessment of Performance Implications", *Journal of Marketing*, 66(4), 25-39.

Ottum, B. D. and Moore, W. L. (1997) "The Role of Market Information in the New Product Sucess/Failure", *Journal of Product Innovation Management*, 14(4), 258-273.

Pearce II, J. A., Robbins, D. K. and Robinson Jr., R. B. (1987) "The Impact of Grand Strategy and Planning Formality on Financial Performance", *Strategic Management Journal*, 8(2), 125-134.

Pelham, A. M. (2000) "Market Orientation and Other Potential Influences on Performance in Small and Medium-Sized Manufacturing Firm", *Journal of Small Business Management*, 38(1), 48-67.

Penner, R. H. (1975) "The commercial lodging market", *The Cornell Hotel and Restaurant Administration Quarterly*, 16(1), 33-37.

Peters, T. J. and Waterman, R. H. (1982) *In Search of Excellence*, Harper & Row.（大前研一訳(1986)：『エクセレント・カンパニー超優良企業の条件』講談社.）

Porter, M. E. (1980) *Competitive Strategy*, The Free Press.（土岐坤・中辻萬治・服部照夫訳(1982)：『競争の戦略』ダイヤモンド社.）

――――― (1985) *Competitive Advantage: Creating and Sustaining Superior Performance*, The Free Press.（土岐坤・中辻萬治・小野寺武夫訳(1985)：『競争優位の戦略―いかに高業績を持続させるか』ダイヤモンド社.）

――――― (1996) "What Is Strategy?", *Harvard Business Review*, 74(6), 61-78.

――――― (2001) "Strategy and the Internet", *Harvard Business Review*, 79(3), 63-78.

Robertson, D. and Ulrich, K. (1998) "Planning for Product Platforms", *Sloan Management Review*, 39(4), 19-31.

Rumelt, R. P. (1974) *Strategy, Structure and Economic Performance*, Harvard University Press.

Saleh, F. and Ryan, C. (1991) "Analyzing Service Quality in the Hospitality Industry Using the SERVQUAL Model", *The Service Industries Journal*, 11, 324-343.

———— and ———— (1992) "Client perceptions of hotels", *Tourism Management*, 13(2), 163-168.

Saloner, G., Shepard, A. and Podolny, J. (2001) *Strategic Management*, John Wiley & Sons. (石倉洋子訳(2002):『戦略経営論』東洋経済新報社.)

Schaefer, A., Illum, S. and Margavio, T. (1995) "The Relative Importance of Hotel Attributed to Motor coach Tour Operators", *Journal of Hospitality and Leisure Marketing*, 3, 65-80.

Schumpeter, J. A. (1951) *The theory of economic development: an inquiry into profits, capital, credit, interest, and the business cycle*, Harvard University Press.

Siguaw, J. A. and Diamantopoulos, A. (1995) "Measuring market orientation : some evidence on Narver and Slater's three-component scale", *Journal of Strategic Marketing*, 3(3), 77-88.

Sinkula, J. M. (1994) "Market Information Processing and Organizational Learning", *Journal of Marketing*, 58(1), 35-45.

————, Baker, W. E. and Noordewier, T. G. (1997) "A Framework for Market-Based Organizational Learning : Linking Values, Knowledge, and Behavior", *Journal of the Academy of Marketing Science*, 25(4), 305-318.

Slater, S. F. and Narver, J. C. (1994) "Does Competitive Environment Moderate the Market Orientation-Performance Relationship?", *Journal of Marketing*, 58(1), 46-55.

———— and ———— (1995) "Market Orientation and the Learning Organization", *Journal of Marketing*, 59(3), 63-74.

Smith, R. A. and Lesure, J. D. (1999) "The U.S. Lodging Industry Today", *The Cornell Hotel and Restaurant Administration Quarterly*, 40(1), 18-25.

Stevenson, H. H. and Jarillo, J. C. (1990) "A Paradigm of Entrepreneurship: Entrepreneurial Management", *Strategic Management Journal*, 11, 11-27.

Sweeney, J. C., Johnson, L. W. and Armstrong, R. W. (1992) "The Effect of Cues on Service Quality Expectations and Service Selection in a Restaurant Setting", *The Journal of Services Marketing*, 6(4), 15-22.

Tsang, E. W. K. (1997) "Organizational Learning and the Learning Organization: A Dichotomy Between Descriptive and Prescriptive Research", *Human Relations*, 50 (1), 73-89.

Tsaur, S. H. and Gwo-Hsiung, T. (1995) "Multi-attribute Decision Making Analysis for Customer Preference of Tourist Hotels", *Journal of Travel and Tourism Mar-

keting, 4, 55-69.
Tushman, M. L. and O'Reilly III, C. A. (1997) *Winning through Innovation : A Practical Guide to Leading Organizational Change and Renewal*, Harvard Business School Press.(斎藤彰悟監訳・平野和子訳(1997)：『競争優位のイノベーション―組織変革と再生への実践ガイド―』ダイヤモンド社.)
Van de Ven, A. H. (1986) "Central Problem in The Management of Innovation", *Management Science*, 32(5), 590-607.
Venkatraman, N. (1989) "Strategic Orientation of Business Enterprises : The Construct, Dimensionality, and Measurement", *Management Science*, 35(8), 942-962.
Voss, G. B. and Voss, Z. G. (2000) "Strategic Orientation and Firm Performance in an Artistic Environment", *Journal of Marketing*, 64(1), 67-83.
Weaver, P. A. and Oh, H. C. (1993) "Do American Business Travellers Have Different Hotel Service Requirements?", *International Journal of Contemporary Hospitality Management*, 5, 16-21.
Wernerfelt, B. (1984) "A Resource-based View of the Firm", *Strategic Management Journal*, 5, 171-180.
Weick, K. E. and Sutcliffe, K. M. (2001) *Managing the Unexpected*, Jossey-Bass.(西村行功訳(2002)：『不確実性のマネジメント』ダイヤモンド社.)
Whitney, D. E. (1988) "Manufacturing Design", *Harvard Business Review*, 66(4), 83-91.
Wilensky, L. and Buttle, F. (1988) "A multivariate analysis of hotel benefit bundles and choice trade-offs", *International Journal of Hospitality Management*, 7(1), 29-41.
Wind, J., Green, P. E., Shifflet, D. and Scarbrough, M. (1989) "Courtyard by Marriott: Designing a Hotel Facility with Consumer-Based Marketing Models", *Interfaces*, 19(1), 25-47.
Wolff, J. A. and Pett, T. L. (2006) "Small-Firm Performance: Modeling the Role of Product and Process Improvements", *Journal of Small Business Management*, 44(2), 268-284.
Yavas, U. and Babakus, E. (2005) "Dimensions of hotel choice criteria : congruence between business and leisure travelers", *International Journal of Hospitality Management*, 24(3), 359-367.
Yoo, D. G., Kang, S. D. and Lee, Y. G. (1998)：「サービス企業の市場志向性と成果：ベンチマーキング，サービス品質および顧客満足の因果的役割」,『マーケティング研究』13(1), 1-25.(韓国語)
Zheng Zhou, K., Yim, C. K. and Tse, D. K. (2005) "The Effects of Strategic Orientations on Technology- and Market-Based Breakthrough Innovations", *Journal of Marketing*, 69(2), 42-60.

―――, Yong Gao, G., Yang, Z. Zhou, N.(2005)"Developing strategic orientation in China: antecedents and consequences of market and innovation orientations", *Journal of Business Research*, 58(8), 1049-1058.

参考文献Ⅱ【和文・和雑誌】

相葉宏二，グロービス・マネジメント・インスティテュート編(1999)：『MBA経営戦略』ダイヤモンド社．
赤坂誠治・中嶋淳巳・竹田陽介・永井誠一(1997)：「ホテル事業の経営戦略」『竹中技術研究報告書』53, 45-53.
青木淳(1999)：『価格と顧客価値のマーケティング戦略―プライス・マネジメントの本質―』ダイヤモンド社．
青木昌彦・安藤晴彦編(2002)：『モジュール化』東洋経済新報社．
青島矢一・加藤俊彦(2003)：『競争戦略論』東洋経済新報社．
浅田茂(1995)：『競争と協力の戦略』有斐閣．
崔圭〓(1999)：『ホテルの選択行動分析における価値概念の有効性に関する研究』立教大学大学院観光学研究科1999年度博士論文．
ダイヤモンド・ハーバード・ビジネス編集部編(1998)：『顧客サービスの競争優位戦略―個客価値創造のマーケティング―』ダイヤモンド社．
―――(2000)：『顧客サービス戦略』ダイヤモンド社．
原勉・岡本伸之・稲垣勉(1991)：『ホテル産業界』教育社．
林淳一(2003)：「変化の理論：組織論と戦略論の視点から」『関東学園大学経済学紀要』30(2), 1-27.
藤田誠(1997)：「経営資源と組織能力」『早稲田商学』375, 39-68.
―――(2004)：「経営資源と競争優位性―Resource Based View小史―」『早稲田商学』400, 61-89.
飯嶋好彦(2001)：『サービス・マネジメント研究』文眞堂．
今井賢一編(1986)：『イノベーションと組織』東洋経済新報社．
石井淳蔵(1985)：「競争対応の行動」石井淳蔵・奥村昭博・加護野忠男・野中郁次郎編『経営戦略論』有斐閣，100-111.
―――・栗木契・嶋口充輝・余田拓郎(2004)：『ゼミナールマーケティング入門』日本経済新聞社．
磯辺剛彦(1997)：「競争タイプと経営戦略」『慶應経営論集』14(2), 63-83.
伊丹敬之(2003)：『経営戦略の論理』日本経済新聞社．
―――・加護野忠男(1993)：『ゼミナール経営学入門』日本経済新聞社．

伊藤克容(2005):「コスト・マネジメントにおける経営戦略概念についての考察―ポジショニング・アプローチと学習アプローチの相補関係―」『経理研究』48, 165-178.

出雲大士・本橋稔・永井護(2000):「観光周遊行動の特性分析」『都市計画』35, 505-510.

Kang, B. S. (2002):「新製品開発と成果における最高経営者とチームの役割の効果」『経営科学』15(1), 1-15.(韓国語)

Kang, I. S. (2003):「ホテル企業の構造的適合性と企業の成果との関係分析」『文化観光研究』5(2), 207-228.(韓国語)

狩野裕(1997):『AMOS EQS LISREL によるグラフィカル多変量解析』現代数学社.

河合忠彦(2004):『ダイナミック戦略論:ポジショニング論と資源論を超えて』有斐閣.

Kim, C. W. and Kim, H. S. (2003):「BSC を用いたホテル経営成果評価に関する研究」『ホテル観光研究』4(3), 117-141.(韓国語)

Kim, J. W., Jeon, K. H. and Lee, S. G. (2001):「市場志向性が流通経路の関係的成果に与える影響:流通業体観点」,『マーケティング研究』16(2), 93-114.(韓国語)

Kwon, Y. C. (1996):「市場志向性が成果に与える影響:輸出企業において」『マーケティング研究』11(1), 35-48.

金振晩(2005):「経営戦略論的視点からみた宿泊特化型ホテルの特徴―ポジショニング・アプローチと資源ベース・アプローチを中心に―」『観光研究』17(1), 9-18.

―――(2006):「ホテル戦略群別の戦略樹立の方向性に関する研究」『立教観光学研究紀要』8, 23-32.

岸川善光(2006):『経営戦略要論』同文舘.

岸田民樹(1989):「組織化と Loose Coupling」『経営科学』37(2), 1-24.

小林一(2002):「戦略的マーケティング研究の理論的基礎」『明大商学論叢』84(1), 93-110.

小林喜一郎(1998):「戦略論を見る8つの視座―戦略論の統合的フレームワークに向けて―」『慶應経営論集』15(1), 69-106.

―――(2001):「戦略論における経営資源アプローチの研究―資源論の統合的フレームワークに向けて―」『慶應経営論集』18(1), 11-29.

神戸大学大学院経営学研究室編(2004):『経営学大辞典第2版』中央経済社.

久保亮一(2005):「企業の戦略におけるアントレプレナーシップの要素―Entrepreneurial Orientation を中心に―」『京都マネジメント・レビュー』8, 71-84.

Lee, J. S. (2005):「ホテルのマーケティングミックスと経営成果との関係に関する研究」『ホテル経営学研究』14(3), 89-110.(韓国語)

Lee, M. U. and Jeon, J. W. (2005):「サービス品質成果測定のための BSC の効果性に関する実証研究」『観光政策学研究』11(1), 191-210.(韓国語)

箕輪雅美(1999):「企業成長理論としてのリソースベースビューの限界と可能性」『経済と経済学』90, 109-126.

―――(2000):「競争優位の源泉としてのビジネスモデルの革新―電通創業期の事例から―」『経済と経済学』93, 45-64.
―――(2003):「競争戦略論の断層―positioning school と resource based view の存在論的, 認識論的対立―」『京都マネジメント・レビュー』4, 83-96.
Lee, Y. G. (1998):「市場志向性の影響要因と結果の因果関係:韓国国内専門大学を中心に」,『経営学研究』27(3), 729-727.(韓国語)
長谷政弘編(1997):『観光学辞典』同文舘.
中橋国蔵(2005):『経営戦略の発展』兵庫県立大学経済経営研究所.
Noh, J. P.(1998):「市場志向性と成果:客観的成果指標を利用した縦断研究」『マーケティング研究』13(2), 23-37.(韓国語)
小高久仁子(2004):「戦略マネジメントにおける認知的アプローチ」『京都マネジメント・レビュー』5, 69-81.
Park, M. H. and Park, J. A.(2004):「観光ホテル産業のBSCの視点間の連携性分析」『観光学研究』28(3), 161-179.(韓国語)
齊藤俊則(2000):「潜在変数を導入した旅行先選択モデル」『立教観光学研究紀要』2, 15-22.
作古貞義(2002):『新版ホテル事業論』柴田書店.
真城知己(2001):『SPSSによるコンジョイント分析』東京図書.
産能大学経営研究会編(2002):『現代企業と経営』産能大学出版部.
白石弘幸(2005):『経営戦略の探求―ポジション・資源・能力の統合理論―』創成社.
So, S. H. and Choi, S. H.(2000):「新製品開発の成功要因に関する研究」『韓国マーケティングジャーナル』2(2), 64-89.(韓国語)
田部井明美(2001):『SPSS完全活用法:共分散構造分析(AMOS)によるアンケート処理』東京図書.
竹中工務店編(1991):『ホテル開発の21世紀戦略』日本能率協会マネジメントセンター.
田中晴人(2005):「経営戦略論の展開:全社戦略論から競争戦略論へ」『金沢学院大学紀要』3, 33-46.
田中康介(1986):「戦略形成過程理論に関する一考察」『三田経済学研究』34, 28-37.
―――(2006):「経営戦略論再考―分析的アプローチから社会的アプローチまで―」『産能大学紀要』26(2), 1-19.
徳永善昭(2000):「ニュー・ビジネスモデルの戦略経営への影響」『亜細亜大学経営論集』36(2), 51-63.
占部都美(1971):「経営戦略論の展開」『經營學論集』41, 163-174.
―――(1982):「経営戦略論の新しい展開」『經營學論集』52, 35-45.
渡邊直人(2005):「戦略マネジメントのフレームワークの論点の体系化―KaplanとNortonの所説を中心として―」『商学研究科紀要』61, 127-139.
山倉建嗣(2004):「戦略マネジメント論の挑戦」『横浜経営研究』24(4), 1-17.

山本公平(2005):「起業の持続的競争優位とポジショニング・アプローチ―農業法人のケースを中心に―」『広島大学マネジメント研究』5, 1-15.

山崎敏夫(2006):「経営戦略研究の方法をめぐって―経営戦略の観念論的認識と唯物論的認識の統合の問題を中心として―」『立命館経営学』44(6), 27-54.

横山文人(2003):「デザインホテルのクラスター分析」『亜細亜大学経営論集』38(2), 25-42.

吉永雄毅(2004):「経営戦略論と日本的経営論に関する考察」『商経論叢』44(4), 59-95.

劉亨淑(2002):「ホテル業におけるサービス・クォリティ,関係の質,成果要因間の構造方程式モデルの構築」立教大学大学院観光学研究科 2002年度博士論文.

ホテル業態の規定要因についての経営者の認識調査

【貴ホテルについて】
1．ホテル業態
　①都市型　②リゾート型　③ビジネス型　④宿泊特化型
2．ホテル規模
　①100室以下　②100-199室　③200-300室　④300室以上
3．経営形態
　①直営　②FC　③MC　④リース　⑤リファーラル
4．顧客層
　①商用　②観光　③兼観光　④長期滞在
5．従業員の割合
　①正社員＞非正社員　②正社員＝非正社員　③正社員＜非正社員
6．平均客室稼働率
　①50-60%　②60-70%　③70-80%　④80-90%　⑤90%以上

【ご回答者について】
1．性別
　①男性　②女性
2．年齢
　①30歳以下　②31-40歳　③41-50歳　④51-60歳　⑤60歳以上
3．最終学歴
　①高校　②専門学校・短大　③大学　④大学院
4．業界での経験年数
　①10年以下　②11-15年　③16-20年　④21-25年　⑤26年以上
5．部署名・ご芳名
［　　　　　　　　部／ご芳名：　　　　　　　　　　　］

問1．ホテル経営における競争要因に関する以下の項目について，もっともご自分のお考えに近い番号にそれぞれ○を付けて下さい。

番号	項　　目	非常に重要である	やや重要である	どちらともいえない	あまり重要ではない	全く重要ではない
1	顧客情報データ管理	5	4	3	2	1
2	ビジネス顧客のための差別化サービス	5	4	3	2	1
3	リレーションシップ・マーケティング	5	4	3	2	1

4	サービス品質管理(TQM)	5	4	3	2	1
5	顧客優待プログラム	5	4	3	2	1
6	新商品開発	5	4	3	2	1
7	付加サービス提供	5	4	3	2	1
8	予約システム強化	5	4	3	2	1
9	経営者のリーダーシップ	5	4	3	2	1
10	従業員の教育プログラム	5	4	3	2	1
11	優秀な人的資源の確保	5	4	3	2	1
12	従業員に権限委任(empowerment)	5	4	3	2	1
13	インターナル・マーケティング	5	4	3	2	1
14	団体顧客の誘致	5	4	3	2	1
15	F&Bおよび宴会商品強化	5	4	3	2	1
16	旅行会社との関係改善	5	4	3	2	1
17	付帯施設の運用	5	4	3	2	1
18	ホテルの名声	5	4	3	2	1
19	ホテルのブランド力	5	4	3	2	1
20	ホテルの施設水準	5	4	3	2	1
21	ニッチ・マーケティング	5	4	3	2	1
22	事業の多角化	5	4	3	2	1

問2. 次の20個の仮想のホテル属性の組合せを見て，選好度によって1位～20位の順位を決め，数字を記入して下さい。(本調査では，以下のホテル属性6個以外の属性については考慮しておりません。)

番号	立地条件	付帯施設	1泊宿泊料金帯	事業展開方式	雇用形態	ホテルの規模	選好順位
1	都市	なし	ミドル	FC	正社員<非正社員	300室以上	
2	都市	全施設	ミドル	直営	正社員<非正社員	100－199室	
3	都市	レストランのみ	低廉	MC	正社員<非正社員	300室以上	
4	都市	レストランのみ	高級	直営	正社員<非正社員	200－299室	
5	都市	レストランのみ	ミドル	MC	正社員>非正社員	100－199室	

番号							
6	リゾート	レストランのみ	ミドル	直営	正社員＝非正社員	300室以上	
7	リゾート	全施設	低廉	直営	正社員＞非正社員	300室以上	
8	都市	レストランのみ	低廉	FC	正社員＝非正社員	200－299室	
9	都市	全施設	高級	FC	正社員＝非正社員	300室以上	
10	リゾート	なし	低廉	FC	正社員＞非正社員	100－199室	
11	リゾート	全施設	高級	MC	正社員＜非正社員	200－299室	
12	リゾート	レストランのみ	高級	FC	正社員＜非正社員	100－199室	
13	都市	なし	低廉	直営	正社員＜非正社員	200－299室	
14	リゾート	なし	ミドル	MC	正社員＝非正社員	200－299室	
15	都市	なし	高級	MC	正社員＝非正社員	300室以上	
16	都市	全施設	ミドル	FC	正社員＞非正社員	200－299室	
17	都市	全施設	低廉	MC	正社員＝非正社員	100－199室	
18	都市	なし	高級	直営	正社員＝非正社員	100－199室	
19	リゾート	全施設	高級	FC	正社員＞非正社員	100－199室	
20	リゾート	なし	高級	直営	正社員＜非正社員	300室以上	

問3．意思決定に関する以下の項目について，もっともご自分のお考えに近い番号に○を付けて下さい。

番号	項　　目	非常にそうである	ややそうである	どちらともいえない	あまりそうではない	全くそうではない
1	会社全体の大きな戦略的意思決定が迅速に行える	5	4	3	2	1
2	後追いではなく，自社として独自の先進的な戦略を打ち出せる	5	4	3	2	1
3	多少リスクがあっても，大胆な戦略を打ち出せる	5	4	3	2	1
4	必要であれば，既存事業から撤退する意思決定が迅速にできる	5	4	3	2	1
5	大きな投資が必要であっても，新規事業への参入の意思決定が迅速にできる	5	4	3	2	1

6	取締役会の人数は，議論をする上で適切である	5	4	3	2	1
7	取締役は自分の担当領域とは関係なく，常に企業全体の視点から発言している	5	4	3	2	1
8	取締役は自分の担当領域と無関係な議題でも積極的に意見を述べる	5	4	3	2	1
9	取締役会をスムーズに運営するために，事前協議や根回しが十分に行われる	5	4	3	2	1
10	提出された案件は基本的には承認される方向で取り扱われる	5	4	3	2	1
11	企業の将来を決めるような大きな戦略的意思決定の方向付けや実行決定には，取締役会よりもこの最高意思決定機関の方が重要である	5	4	3	2	1
12	この意思決定機関によって，御社の将来を決めるような大きな戦略的意思決定の大体が決められる	5	4	3	2	1
13	最高意思決定機関は議論をする上で適切な人数によって構成される	5	4	3	2	1
14	議事録は上級マネジャーへ広く公開される	5	4	3	2	1
15	トップマネジメントは，ライン事務長としての過去の業績ではなく，全社トップとしての能力によって選ばれている	5	4	3	2	1
16	トップマネジメントのリーダーシップは非常に強い	5	4	3	2	1
17	主要事業に関わる技術進歩の速度は速い	5	4	3	2	1
18	主要事業に関わる既存の技術が，将来全く別の技術に代替されてしまう恐れがある	5	4	3	2	1

＊ ご協力ありがとうございました。

ホテル選択属性に関する消費者の認識調査

問1. 貴方は以下の項目についてどのように考えていらっしゃいますか。もっともご自分のお考えに近い番号にそれぞれ○を付けて下さい。

番号	項目	非常にそうである	ややそうである	どちらともいえない	あまりそうではない	全くそうではない
1	私は経済的状況が悪くても人生を楽しんでいる	5	4	3	2	1
2	私は一生懸命に仕事をしている	5	4	3	2	1
3	私は高い人生の目標をもっている	5	4	3	2	1
4	私は芸術作品(音楽,美術など)を楽しんでいる	5	4	3	2	1
5	私は健全な人生を送っている	5	4	3	2	1
6	私は瞑想的な生活をしている	5	4	3	2	1
7	私は差別される人々の気持ちが理解できる	5	4	3	2	1
8	私は何よりも自分の欲求を優先する	5	4	3	2	1
9	私は元気で活発な生活をしている	5	4	3	2	1
10	私は自分のことについて深く没頭する方である	5	4	3	2	1
11	私は質素な生活を追求する	5	4	3	2	1
12	私は運動を通じて緊張を緩和する	5	4	3	2	1
13	私は周囲の環境を非常に意識する	5	4	3	2	1
14	私は規則的・安定的な生活を追求する	5	4	3	2	1
15	私は政治に関して深い興味をもっている	5	4	3	2	1
16	私は何よりも自分の家庭を最優先する	5	4	3	2	1
17	私はよく外出する	5	4	3	2	1
18	私は暇なときよく本を読む	5	4	3	2	1
19	私は積極的に旅行する	5	4	3	2	1
20	私は旅行に行くとき,主にビジネスを兼ねて行く	5	4	3	2	1

参考資料

| 21 | 私は劇場，展示会，博物館などへよく行く | 5 | 4 | 3 | 2 | 1 |
| 22 | 私は定期的に運動をする | 5 | 4 | 3 | 2 | 1 |

問 2．ホテルという商品は立地やその他の特色を持つ存在です。次に 5 つの特色を組み合わせて 18 通りホテルがあります。貴方はどの組み合わせが好ましいとお考えでしょうか。最も好ましいものから順に 18 位までその順位を記入して下さい。

本調査では，以下のホテルを構成する特色 5 個以外については考慮しておりません。18 位までの順位付けは大変なことだと思いますが，本調査において一番重要な部分ですので，是非ともご協力お願い申し上げます。やり方につきましては，先に 5 つの特色の順位を決めた後，それぞれの特色の組み合わせによって並べてください。

■ 5つの特色の説明
- 立地：ホテルの立地は交通が便利なところか，買い物などが便利なところか。
- サービス提供形態：ホテル側が提供するサービス形態
- 1泊宿泊料金帯：割引なしの宿泊料金帯
- 付帯施設：客室以外のホテル内に設けられている施設
- 情報入手手段：ホテルの情報を得る際に重視するもの

番号	立地	サービス提供形態	1泊宿泊料金帯	付帯施設	情報入手手段	順位
1	交通の便が良い	セルフ・サービス*	2万円以上	なし	メディア広告	
2	買い物に便利	フル・サービス	2万円以上	飲食施設のみ	ブランド・名声	
3	交通の便が良い	フル・サービス	1万円未満	飲食施設のみ	ブランド・名声	
4	交通の便が良い	セルフ・サービス	1－2万円未満	なし	メディア広告	
5	交通の便が良い	セルル・サービス	2万円以上	飲食施設のみ	口コミ	
6	交通の便が良い	フル・サービス	2万円以上	全施設	ブランド・名声	
7	買い物に便利	フル・サービス	1－2万円未満	飲食施設のみ	メディア広告	
8	買い物に便利	フル・サービス	1－2万円未満	全施設	口コミ	
9	交通の便が良い	フル・サービス	2万円以上	全施設	口コミ	
10	買い物に便利	フル・サービス	2万円以上	全施設	メディア広告	

11	買い物に便利	セルフ・サービス	1万円未満	なし	メディア広告
12	買い物に便利	セルフ・サービス	2万円以上	なし	メディア広告
13	買い物に便利	セルフ・サービス	1万円未満	全施設	口コミ
14	交通の便が良い	セルフ・サービス	1-2万円未満	全施設	ブランド・名声
15	買い物に便利	フル・サービス	2万円以上	全施設	ブランド・名声
16	交通の便が良い	フル・サービス	2万円以上	全施設	メディア広告
17	交通の便が良い	セルフ・サービス	1万円未満	なし	メディア広告
18	交通の便が良い	セルフ・サービス	2万円以上	飲食施設のみ	ブランド・名声

＊セルフ・サービス：ベルサービス，ルームサービスなどの個人的要求に応じるサービスが提供されないことを指す。

問3．以下は商品としての客室を構成する要素の中で，それぞれどの程度重視されるかについての設問です。
　　それぞれの項目についてもっともご自分のお考えに近い番号に○を付けて下さい。

番号	項　目	非常に重要である	やや重要である	どちらともいえない	あまり重要ではない	全く重要ではない
1	予約の迅速さ，正確さなど	5	4	3	2	1
2	ホテル業務に対する従業員の熟練度	5	4	3	2	1
3	顧客に対する従業員の気配り	5	4	3	2	1
4	個人的な要求・欲求への対応	5	4	3	2	1
5	従業員のサービスへの熱意	5	4	3	2	1
6	客室の広さ	5	4	3	2	1
7	浴室備品の質(タオル・石鹸など)	5	4	3	2	1
8	客室の清潔さ	5	4	3	2	1
9	客室内のインテリア	5	4	3	2	1
10	ベッドの快適さ	5	4	3	2	1
11	客室内の空調	5	4	3	2	1
12	多彩なレストラン・宴会場	5	4	3	2	1
13	ホテル内のIT環境の強化	5	4	3	2	1
14	ルームサービス	5	4	3	2	1
15	ビジネスセンター	5	4	3	2	1

16	エステ・フィットネスクラブ	5	4	3	2	1
17	交通の便利性	5	4	3	2	1
18	ホテルの外観	5	4	3	2	1
19	ホテルの立地(周囲環境)	5	4	3	2	1

問4．以下は貴方自身が一番最近お泊りになったホテルについての設問です。それぞれの項目についてもっともお考えに近い番号に○を付けてください。

番号	項　　目	非常に満足する	やや満足する	どちらともいえない	あまり満足しない	全く満足しない
20	お泊りになったホテルの宿泊料金について	5	4	3	2	1
		強くそう思う	ややそう思う	どちらともいえない	あまりそう思わない	全くそう思わない
21	お泊りになったホテルの利用を他の人に薦める	5	4	3	2	1
23	お泊りになったホテルを今後最優先利用する	5	4	3	2	1

24．お泊りになったホテルでの宿泊回数
　　①始めて　　②2回目　　③3回目　　④4回以上
25．お泊りになったホテルの宿泊目的
　　①ビジネス　　②観光　　③ビジネス＆観光　　④その他　（　　　　　　　　）
26．お泊りになったホテルの業態
　　①シティホテル　　②ビジネスホテル　　③宿泊特化型ホテル　　④リゾートホテル

■　貴方のご自身について，それぞれの項目の該当欄に○を付けてください。
1．性別
　　①男　　②女
2．年齢
　　①30歳以下　　②31-40歳　　③41-50歳　　④51-60歳　　⑤61歳以上
3．結婚の有無
　　①未婚　　②既婚
4．同伴者
　　①一人で　　②家族　　③親友　　④その他　（　　　　　　　　）
5．最終学歴
　　①中学　　②高校　　③専門学校・短大　　④大学　　⑤大学院

〈ご協力ありがとうございました〉

戦略的志向性に関する経営者の認識調査

【貴ホテルについて】
1．ホテル業態
　①都市型　②リゾート型　③ビジネス型　④宿泊特化型
2．ホテル規模
　①100室以下　②100-199室　③200-300室　④300室以上
3．経営形態
　①直営　②FC　③MC　④リース　⑤リファーラル
4．顧客層
　①商用　②観光　③兼観光　④長期滞在
5．従業員の割合
　①正社員＞非正社員　②正社員＝非正社員　③正社員＜非正社員
6．平均客室稼働率
　①50-60%　②60-70%　③70-80%　④80-90%　⑤90%以上

【ご回答者について】
1．性別
　①男性　②女性
2．年齢
　①30歳以下　②31-40歳　③41-50歳　④51-60歳　⑤60歳以上
3．最終学歴
　①高校　②専門学校・短大　③大学　④大学院
4．業界での経験年数
　①10年以下　②11-15年　③16-20年　④21-25年　⑤26年以上
5．部署名・ご芳名
　[　　　　　　　　　部／ご芳名：　　　　　　　　　]

問1． 以下は**戦略的志向性**に関する質問です。貴方は以下の項目についてどのように考えていらっしゃいますか。もっともご自分のお考えに近い番号にそれぞれ○を付けて下さい。

番号	項目	非常にそう思う	そう思う	どちらかといえばそう思う	どちらともいえない	どちらかといえばそう思わない	そう思わない	全くそう思わない
1	顧客により良質のサービスを提供するため、顧客のニーズを自社で調査している	7	6	5	4	3	2	1
2	顧客のニーズを把握するため、公式的な満足度調査を行っている	7	6	5	4	3	2	1

3	非公式的に業界情報を収集している	7	6	5	4	3	2	1
4	定期的にホテルを取り巻く環境の変化が顧客に及ぼす影響を検討している	7	6	5	4	3	2	1
5	取引パートナー(旅行会社，航空会社等)と定期的な会議を行っている	7	6	5	4	3	2	1
6	定期的に市場の動向と開発について部署間会議を開催している	7	6	5	4	3	2	1
7	マーケティング部門は他の部門と共に顧客のニーズについて検討している	7	6	5	4	3	2	1
8	収集した情報(顧客満足など)は定期的にすべての部署に配布している	7	6	5	4	3	2	1
9	商品・サービスの開発のため，マーケティング部門と他部門間には意思疎通が行われている	7	6	5	4	3	2	1
10	ホテル内では情報共有のため，非公式的な会議を行っている	7	6	5	4	3	2	1
11	競合他ホテルが新商品・サービスを実施すると，それにすぐ対応している	7	6	5	4	3	2	1
12	競合他ホテルの価格変化に対して迅速に対応している	7	6	5	4	3	2	1
13	商品・サービスに対する顧客のニーズの変化に迅速に対応している	7	6	5	4	3	2	1
14	顧客が商品・サービスの品質に対して不満足の場合，迅速に修正している	7	6	5	4	3	2	1
15	商品・サービスの開発は，技術的進歩より市場情報に基づいて構成されている	7	6	5	4	3	2	1
16	学習・教育をホテルの持続的発展のための必須要素として認識している	7	6	5	4	3	2	1
17	ホテル内での学習・教育は費用ではなく，投資として認識している	7	6	5	4	3	2	1
18	学習・教育の中断はホテルの未来に危険を招くと認識している	7	6	5	4	3	2	1
19	学習・教育を競争優位の核心要素として認識している	7	6	5	4	3	2	1
20	過去の商品・サービスについての成功要因や失敗要因を再検討している	7	6	5	4	3	2	1

21	ホテル全体の目標に関する明確なビジョンがある	7	6	5	4	3	2	1
22	ホテル内で提示されたビジョンに対して各部署および構成員が同意している	7	6	5	4	3	2	1
23	各部署の構成員は部署の事業方向について明確に認識している	7	6	5	4	3	2	1
24	各構成員は目標を達成するための自分の役割について明確に認識している	7	6	5	4	3	2	1
25	経営陣は各構成員がホテルのビジョンを共有する程度が高いと信じている	7	6	5	4	3	2	1
26	構成員の創造的思考の価値を高く認識している	7	6	5	4	3	2	1
27	新たな提案に対して高く評価している	7	6	5	4	3	2	1
28	経営陣は構成員の創意的思考を奨励している	7	6	5	4	3	2	1
29	既存の経営方式に対する批判を謙虚に受容している	7	6	5	4	3	2	1
30	構成員は既存の経営方式について自由に意見を述べることができる	7	6	5	4	3	2	1
31	問題解決の際，既存の方法の改善より新たな方案を考えている	7	6	5	4	3	2	1
32	既存の慣行より新たなプロセスの導入を重視している	7	6	5	4	3	2	1
33	研究開発の成果を積極的に受容している	7	6	5	4	3	2	1
34	革新的アイディア（運営プログラムなど）の創出を高く評価している	7	6	5	4	3	2	1
35	経営陣は安全性より成長性を追求している	7	6	5	4	3	2	1
36	失敗による損失より成功による利益を強調している	7	6	5	4	3	2	1
37	経営状況を改善するため，ある程度のリスクを冒すことがある	7	6	5	4	3	2	1
38	リスクがあっても，潜在的成長力のあると判断される事業は積極的に推進している	7	6	5	4	3	2	1

39	新たな市場機会を得るために努力している	7	6	5	4	3	2	1
40	業界内では競合他ホテルより先に新商品・サービスを提供するほうである	7	6	5	4	3	2	1
41	新たに出現する市場(例：団塊世代など)に対して肯定的に検討している	7	6	5	4	3	2	1

問2．以下は**新商品・サービス**に関する質問です。最近3年間他ホテルと比べて、次の項目に対する貴社の状況はいかがでしょうか。
それぞれの項目についてもっとも貴社の状況に近い番号に○を付けて下さい。

番号	項目	非常に高い	高い	どちらかといえば高い	どちらともいえない	どちらかといえば低い	低い	非常に低い
1	新技術の導入の程度	7	6	5	4	3	2	1
2	商品・サービスの差別化の程度	7	6	5	4	3	2	1
3	市場への新商品・サービスの投入の程度	7	6	5	4	3	2	1
4	担当部門への人的資源の集中の程度	7	6	5	4	3	2	1

問3．以下は貴社の**財務的経営成果指標**に関する質問です。最近3年間、次の項目に対して貴社の状況はいかがでしょうか。それぞれの項目についてもっとも貴社の状況に近い番号に○を付けてください。

1．売上高増加率
　①5%以上減少 ②3-5%未満減少 ③1-3%未満減少 ④横ばい
　⑤1-3%未満増加 ⑥3-5%未満増加 ⑦5%以上増加

2．経常利益率
　①5%以上減少 ②3-5%未満減少 ③1-3%未満減少 ④横ばい
　⑤1-3%未満増加 ⑥3-5%未満増加 ⑦5%以上増加

3．自己資本比率
　①5%以上減少 ②3-5%未満減少 ③1-3%未満減少 ④横ばい
　⑤1-3%未満増加 ⑥3-5%未満増加 ⑦5%以上増加

4．客室稼働率
　①5%以上減少　②3-5%未満減少　③1-3%未満減少　④横ばい
　⑤1-3%未満増加　⑥3-5%未満増加　⑦5%以上増加

問4．以下は貴社の**非財務的経営成果指標**に関する質問です。最近3年間，次の項目に対して貴社の状況はいかがでしょうか。それぞれの項目についてもっとも貴社の状況に近い番号に○を付けてください。

番号	項　　目	非常にそう思う	そう思う	どちらかといえばそう思う	どちらともいえない	どちらかといえばそう思わない	そう思わない	全くそう思わない
1	リピーターの利用率が競合他ホテルより高い	7	6	5	4	3	2	1
2	顧客の不満の件数が減少している	7	6	5	4	3	2	1
3	ホテルのイメージが向上している	7	6	5	4	3	2	1
4	サービス満足度が高い	7	6	5	4	3	2	1
5	従業員に対する教育訓練プログラムの活用度が高い	7	6	5	4	3	2	1
6	サービスマニュアルの活用度が高い	7	6	5	4	3	2	1
7	最高経営者のリーダーシップが高い	7	6	5	4	3	2	1
8	各部門間の協力がよく行われている	7	6	5	4	3	2	1
9	新商品(サービス)の販売(提供)に積極的である	7	6	5	4	3	2	1
10	従業員の教育の質が競合他ホテルより高い	7	6	5	4	3	2	1
11	従業員の1人当たりの労働生産性が高い	7	6	5	4	3	2	1
12	革新的技術・サービスの導入に積極的である	7	6	5	4	3	2	1

〈ご協力ありがとうございました〉

あとがき

　本書は，2007年3月に立教大学大学院観光学研究科に提出した博士学位論文「ホテル産業における戦略的志向性と企業の成果との関係―シティホテルと宿泊特化型ホテルの比較を中心に―」をもとに，加筆修正したものである。本書の土台になった博士論文を執筆するにあたっては，実にさまざまな方から直接的・間接的なご支援をいただいた。

　まず何よりも，大変ご多忙の中，拙稿を丁寧に読んでくださり，建設的なご批判・コメントをくださった審査委員の岡本伸之先生(現・帝京大学)，佐藤喜子光先生(現・NPO法人地域力創造研究所理事長)，毛谷村英治(立教大学)，Professor Kaye Chon(香港理工大学)にお礼を申し上げたい。特に主査の岡本伸之先生からは，修士課程入学以来6年間にわたり，論文内容だけではなく一人の研究者としての生き方や考え方について叱咤激励をいただいた。それは，現在も同じ職場で続いている。

　また，大学院在籍当時に，同じ研究室の仲間であった劉亨淑氏(東義大学)，姜聖淑氏(帝塚山大学)，野口洋平氏(杏林大学)，金蘭正氏(鈴鹿国際大学)，崔錦珍氏(九州国際大学)には，同様の研究テーマにおいて議論を重ねながら，勇気と刺激をいただいた。そして，既に修了・就職された方々も含め，立教大学大学院観光学研究科の諸先輩，仲間からは，多くの面においてアドバイスや激励をいただいた。とりわけ，山田耕生氏(帝京大学)，鈴木涼太郎氏(相模女子大学)は，論文完成に至るまで常に筆者との議論にお付き合いいただくとともに，日本での生活についてもご助言をいただいた。

　一方で，実証調査においても，数え切れないほど多くの方々にお世話になった。修士課程から何回もアンケート調査にご協力くださった立教観光クラブの会員の方々，ホテル協会の加盟ホテルの関係者の方々，宿泊特化型ホテルの関係者の皆様にあらためて御礼を申し上げたい。

　なお，本書の出版は，現勤務先である帝京大学経済学部研究活性化基金の助

成費によるものである。帝京大学からは，出版のための資金的支援のみならず，同僚との日々の議論や雑談を通じて，本書執筆に際しての数々の示唆をいただいた。また，本書の編集に携わっていただいた学文社の田中千津子氏は，様々な点にご助言してくださり，実に多くのご配慮をいただいた。心より感謝申し上げたい。

　最後に，私事で恐縮であるが，家族からの有形無形の支援がなければ，本書を完成させることはできなかった。故郷に戻らず，13年間にわたる日本での生活をいつも温かく見守ってくれた姉，妹，叔父，叔母，そして長い留学生活をともに過ごした妻と一昨年に生まれた息子に感謝したい。そして誰よりも本書の出版を天国から喜んでくれる両親と兄の霊前に本書を捧げたい。

2013年2月

金　振晩

欧文索引

A

Adams, D. E. Day　54
AGFI (Adjusted Goodness of Fit Index)　140
AHMA　75
Alexander, M.　9, 10
Anderson, J. C.　141
Ansoff, H. I　9
Arnold, D. R.　27, 44
Atkinson, A.　74

B

Baker, W. E.　4, 26-27, 36, 38-41, 116-118
Balanced Score Card (BSC)　56, 125
Barney, J. B.　11, 26
Boulton, W. R.　42
Brown, S. L.　52, 54
Bruce, W.　61
BSCの4つの視点　56
Buttle, F.　79

C

Cadogan, J. W.　30
Cadotte, E. R.　75
Campbell, A.　9, 10
Carland, J. W.　42
Carland, J. A. C.　42
CFI (Comparative Fit of Index)　140
Chandler, A. P.　9, 50
Choi, T. C.　82
Chu, R. K. S.　82
Clark, K. B.　52
Cost leadership strategy　21
CSA (Covarlance Structure Analysis)　8, 139

D

Danneels, E.　52, 54

Day, G. S.　29, 33, 53
Deshpande, R.　29, 33
Dess, G. G.　42, 44
DFW系　30
Diamantopoulos, A.　30
Dolnicar, S.　82
Dougherty, D.　54

E

Eisenhardt, K. M.　52, 54

F

Farely, J. U.　29, 33
Farrell, M. A.　40, 117
Fujimoto, T.　52

G

Galbraith, J. R.　50
Gatignon, H.　3, 25-27, 54, 116
Gerbing, D. W.　141
GFI (Goodness of Fit Index)　140
Ghemawat, P.　24
Goold, M.　9, 10
Gregory, A. D.　61

H

Hall, W. K.　24
Hamel, G.　10
Hill, C. W.　24
Hurley, R. F.　4, 26, 38-39, 116, 118
Hult, T. M.　4, 26, 38-39, 116, 118
Hult, D. J.　4, 26-27, 45, 117
Hunt, S. D.　36
Hurley, R. F.　4, 39, 116, 118

J

Jaworski, B. J.　4, 26, 29-30, 32
Jeon, K. H.　35
Jeon, J. W.　35

193

K

Kang, I. S.   63
Kaplan, R. S.   56
Ketchen Jr., D. J.   4, 26-27, 45, 117
Kim, C. W.   62
Kim, H. S.   62
Kim, J. W.   35
Kim, W. C.   25, 35
KJ系   30
Knutson, B. J.   76
Kohli, A. K.   4, 26, 29-30, 32
Kummar, A.   3, 25, 27

L

Lan, L.   82
Lee, C. W.   47
Lee, J. S.   64
Lee, K. M.   47
Lee, M. U.   65
Lee, S. G.   35
Lee, Y. G.   35
Lewis, R. C.   77
Lumpkin, G. T.   42, 44

M

Matsuno, K.   47
Mauborgne, R.   25
Mentzer, J. T.   47
McCleary, K. W.   82
Mehta, S. C.   80
Miles, H. P.   27, 44
Mintzberg, H.   10, 11-12
Moore, W. L.   53
Morgan, R. M.   36

N

Narver, S. L.   29, 31
Nathanson, D . A.   50
Narver, J. C.   29, 33, 37, 115, 117
Noble, C. H.   3, 25, 27
Noh, J. P.   35
Noordewier, T. G.   38
Norton, D. P.   56

NRA   75
NS系   30

O

Oczkowski, E.   40, 117
Otter, Th.   82
Ottum, B. D.   53
Ozsomer, A.   47

P

Park, J. A.   64
Park, M. H.   64
Pelham, A. M.   29, 35
Penner, R. H.   73
Pennings, J. M.   47
Peters, T. J.   10
PLC (product lifecycle)   10
Porter, M. E.   2, 10, 16
PPM (product portfolio management)   10
Prahalad, C. K.   10

R

RBV (resource based view)   4, 10, 26
RMSEA (Root Mean Square Error of Approximation)   140
Robertson, D.   25
Rumelt, R. P.   50
Ryan, C.   80

S

Saleh, F.   80
Schumpeter, J. A.   42
SEM : (Structural Eguation Models)   139
Sinkula, J. M.   26-27, 36
Sinha, K. R.   3, 25, 27
Slater, S. F.   29, 31, 33, 37, 115, 117

T

Turgeon, N.   75

U

Ulich, K.   25

V

Vera, A.   80

W

Walters, J. A.   10
Webster, F. E.   33
Wensley, R.   53
Wernerfelt, B.   11
Wever, P. A.   82

White Lodging Service   61
Whitney, D. E.   25
Wilensky, L.   79
WLS   61

X

Xuereb, J. M.   3, 25-27, 54, 116

Y

Yoo, Kang   34

和文索引

あ行

青島矢一　13
石井淳蔵　10
位置　11-12
5つの競争圧力　16
移動障壁　20
意図的戦略　12
因果関係　6, 114, 145, 155
内側　14

か行

下位次元　154, 160
外生要因　31
拡散　31
学習・アプローチ　15
学習志向性　3, 9, 36, 41, 114, 121, 145, 156, 158
学習・成長視点　57, 60
学習へのコミットメント　37, 122
革新性　43, 123
確認的因子分析　129
加藤俊彦　13
間接的因果関係　114, 154
起業家精神　41
起業家的志向性　3, 9, 41, 49, 114, 123, 145, 154, 156
企業内部の一貫性　25
企業の成果　4, 55, 114, 125, 150, 152, 153, 155, 156
危険追求性　43, 124
岸川善光　22-24
岸田民樹　51
基本戦略　19
業界分析　16
『競争の戦略』　10
業態別　92
共分散構造分析　8, 139, 145, 150
経営戦略論　5, 9
計画　11-12

計画的戦略　12
経路係数　145, 155
決定属性　83
ゲーム・アプローチ　15
研究仮説　69, 114, 145
研究モデル　114
コア・コンピタンス　10
構造的関係　4, 152, 154-156
構造方程式モデル　139
効用値　90, 102
顧客視点　56-57
5競争要因モデル　16
コスト・リーダーシップ　21
コスト・リーダーシップ戦略　2, 19, 21
コスト推進要因　21
コスト優位　21
コンジョイント分析　8, 86

さ行

財務的経営成果指標　125
財務的視点　56-57
策略　11
差別化戦略　2, 19, 22
参入障壁　19
視角　11-12
事業の理論　12
資源ベース・アプローチ　15
資源ベース戦略論　10
思考の開放性　37, 123
市場志向性　3, 9, 28-29, 36, 114, 119, 145, 154, 156
市場情報　30
　——の拡散　121
　——の生成　120
　——への対応　121
実現戦略　12
シティホテル　1, 3, 5, 6, 8, 9, 104, 108, 110, 114, 145, 149
集中戦略　19, 23
重要度　8

重要度分析　159, 160
宿泊主体系　97
宿泊特化型　92
　──ホテル　1, 3, 5, 6, 8, 9, 104, 108, 110, 111, 114, 145, 149, 155
白石弘幸　24
新商品・サービス開発　4, 50-51, 55, 114, 125, 150, 152, 153, 154, 156
生成　30
世界観　12
選好　74
先行性　43, 124
選択基準　83
選択属性　74, 83, 85
　──から主要因の抽出研究　84
　──の比較研究　84
　──の主要因の抽出研究　6
　──の比較研究　6
戦略群　2, 6, 18
戦略次元　2, 6, 18
戦略的志向性　3, 4, 25, 112, 114, 145, 150, 152-156, 160
戦略の志向性論　2
創発的戦略　12
属性　83, 87, 88, 98, 99
　──の重要度　90, 102
属性水準　87, 88, 99
属性水準別の効用値　90, 102
外側　14

た行

対応　31
多面的アプローチ　160
探索的因子分析　128
直接的因果関係　154
直交計画　87, 98
都市型　92

な行

内部ビジネスプロセス視点　56, 58
中橋国蔵　9-10, 13, 20

は行

パターン　11-12
パラダイム　12
バリュー・イノベーション　25
非財務的経営成果指標　126
非市場志向性　156
非実現戦略　12
ビジネス型　92
ビジョンの共有　37, 122
ブルー・オーシャン戦略　25
プロセス分析中心　13
文化　12
ポジショニング・アプローチ　9, 14
ホテル構成要素　5, 8, 83, 84, 153, 159, 160
　──の経営者側の規定要因　86
ホテル選択行動　5, 71
ホテル選択属性　5, 8, 83, 84, 153, 158-159
　──間　160
　──の消費者側の規定要因　86
ホテル戦略群　5, 8, 108, 111, 145, 155, 156, 160

や行

山倉健嗣　11
要因分析中心　13

ら行

リゾート型　92
劉亨淑　72

〈著者紹介〉

金　振晩（JinMan, KIM）

1974年	韓国江原道江陵市生まれ
	立教大学大学院観光学研究科博士課程後期課程修了
	博士（観光学）
2008年	㈱ツーリズムマーケティング研究所（現，㈱JTB総合研究所）
2011年	帝京大学経済学部観光経営学科専任講師をへて
現　職	帝京大学経済学部観光経営学科准教授
	㈱JTB総合研究所　客員研究員
専　攻	ホテルマネジメント，国際観光，観光戦略，多変量解析
主な業績	

・「ホテル産業における戦略的志向性，新商品・サービス開発，企業の成果の構造的関係」*Northeast Asia Tourism Research*, 2012, 8(3)
・「日本ホテル企業におけるABC分析の有効性に関する研究」*Korea Journal of Tourism Research*, 2009, 24(4)
・"Importance Analysis on Hotel Components a Manager's Perspective: Using Conjoint Analysis", *Asia Pacific Journal of Tourism Research*, 2006, 11(3)
・「経営戦略論的視点からみた宿泊特化型ホテルの特徴―ポジショニング・アプローチと資源ベース・アプローチを中心に―」『観光研究』2005年，17(1)

など多数

戦略的ホテル経営―戦略的志向性と企業の成果との関係

2013年4月1日　第1版第1刷発行

著者　金　振晩

発行者	田中千津子	〒153-0064　東京都目黒区下目黒3-6-1
発行所	株式会社 学文社	電話　03(3715)1501(代)
		FAX　03(3715)2012
		http://www.gakubunsha.com

印刷　新灯印刷

© 2013 KIM JinMan Printed in Japan
乱丁・落丁の場合は本社でお取替えします。
定価は売上カード，表紙に表示。

ISBN978-4-7620-2346-0